Editorial

Junge Menschen in Deutschland freuen sich auf ihre Zukunft. Obwohl sie in unruhigen Zeiten aufwachsen, blicken die meisten von ihnen mit Optimismus nach vorn. Zwar bereiten ihnen der Klimawandel, die Inflation und die Kriege erhebliche Sorgen. Doch zugleich sind viele junge Menschen fest entschlossen, ihre Zukunft allen Widrigkeiten zum Trotz positiv zu gestalten. Dafür fordern sie mehr Mitsprache ein. Sie wollen gehört und beteiligt werden, bei allen Entscheidungen, die ihr Leben betreffen.

Das Achte Buch des Sozialgesetzbuchs (SGB VIII) hält ein breites Spektrum von Leistungen bzw. Angeboten vor, um den individuellen Bedürfnissen und Bedarfen junger Menschen Rechnung zu tragen. Für bedarfsgerechte, wirkungsvolle Unterstützung, die dort ankommt, wo sie benötigt wird, brauchen wir eine starke Kinder- und Jugendhilfe. Neben guten gesetzlichen Grundlagen sind es vor allem Menschen: Fachkräfte, die die jungen Menschen nachhaltig erreichen. Ebenso erfordert ein funktionierendes System stabile finanzielle Grundlagen.

Kinder und Jugendliche verdienen gerade jetzt ein Mitspracherecht. Wir müssen ihnen zuhören, sie einbinden und ihre Bedürfnisse berücksichtigen, damit sie ihr Leben nach ihren Vorstellungen gestalten können. Mit dem Kinder- und Jugendstärkungsgesetz (KJSG) haben wir bereits die Chance auf Partizipation verbessert und Möglichkeiten von Beteiligung weiter ausgebaut – auch indem selbstorganisierte Zusammenschlüsse nun fester Bestandteil der freien Jugendhilfe im SGB VIII sind.

Mit dem KJSG wurden zudem die Weichen für eine inklusive Kinder- und Jugendhilfe gestellt. Im Koalitionsvertrag ist vereinbart, dass in dieser Legislaturperiode die gesetzliche Ausgestaltung erfolgen soll. Im Beteiligungsprozess „Gemeinsam zum Ziel: Wir gestalten die Inklusive Kinder- und Jugendhilfe!" wirken Selbstvertretungen als Expertinnen und Experten in eigener Sache mit. Und mit dem Nationalen Aktionsplan für Kinder- und Jugendbeteiligung wird die Bundesregierung einen wesentlichen Beitrag leisten, die Kinder- und Jugendbeteiligung in allen Bereichen nachhaltig zu verbessern.

Ekin Deligöz
Parlamentarische Staatssekretärin
im Bundesministerium für Familie, Senioren, Frauen und Jugend

ARCHIV

für Wissenschaft
und Praxis
der Sozialen Arbeit

erteljahresheft zur Förderung
n Sozial-, Jugend- und
sundheitshilfe

rlin • 55. Jahrgang • Nr. 1/2024

gründet von
of. Dr. Hans Achinger

rausgegeben von
of. Dr. Peter Buttner

Auftrag des Deutschen Vereins
öffentliche und private
sorge e.V.
chaelkirchstraße 17/18
179 Berlin
vw.deutscher-verein.de

N 0340 - 3564
N 978-3-7841-3702-5

daktion: Dr. Sabine Schmitt
. (030) 6 29 80-319
: (030) 6 29 80-351
Mail: s.schmitt@deutscher-verein.de

s Archiv für Wissenschaft und
xis der Sozialen Arbeit erscheint
rteljährlich. Der Bezugspreis be-
gt 45,00 € (für Mitglieder des
utschen Vereins 36,00 €) jährlich;
zelheft 18,20 € (für Mitglieder
50 €) inkl. MwSt. zzgl. Versand-
ten. Anmeldungen zur Mitglied-
aft nimmt die Geschäftsstelle des
utschen Vereins entgegen.

Auslieferung erfolgt über den
mbertus-Verlag GmbH
tfach 1026, 79010 Freiburg,
0761-36825-0
o@lambertus.de

ack:
ckle Druck und Verlag, Ettenheim

S.d.P.: Michael Löher

bildung Titelseite:
obe Stock/Fxquadro

fördert vom:

Bundesministerium
für Familie, Senioren, Frauen
und Jugend

Inhalt

Sabine Walper

Jugendliche mit Armutserfahrungen: Welche Unterstützung kann Jugendhilfe leisten?

Ein substanzieller Anteil von Jugendlichen ist von Armut betroffen und hat damit ein erhöhtes Risiko für Belastungen der Gesundheit, der Sozialbeziehungen und der Bildungsteilhabe. Umso wichtiger sind präventive Angebote der Kinder- und Jugendhilfe, die negative Auswirkungen von Armut verhindern oder abbauen.

Rund ein Viertel (24,0 %) aller Kinder und Jugendlichen unter 18 Jahren in Deutschland ist von Armut oder sozialer Ausgrenzung bedroht (Destatis 2023). Das bedeutet, dass mindestens eine von drei Problemlagen gegeben ist:

(1) Das verfügbare Einkommen des Haushalts fällt unter die Armutsrisikoschwelle, d.h. es beträgt weniger als 60 % des durchschnittlichen bedarfsgewichteten Pro-Kopf-Nettoeinkommens.

(2) Ihr Haushalt ist von erheblicher materieller und sozialer Entbehrung betroffen, d.h. in mindestens fünf von 13 Bereichen müssen Entbehrungen hingenommen werden, z.B. kann die Wohnung nicht angemessen geheizt werden, abgewohnte Möbel können nicht ersetzt werden, die Person besitzt nicht mindestens zwei Paar Schuhe in gutem Zustand.

(3) Die Erwerbsbeteiligung der erwerbsfähigen Erwachsenen im Haushalt ist sehr gering (unter 20 %).

Wie sehr dieser hohe Anteil armuts- und ausgrenzungsbedrohter Kinder und Jugendlicher beunruhigen muss, verdeutlicht schon allein der internationale Vergleich: In gut zwei Drittel aller EU-Staaten fallen die Vergleichszahlen Minderjähriger geringer aus (ebd.). Noch beunruhigender ist die geringe Teilhabe junger Menschen am Wohlstand unserer Gesellschaft, wenn man sich die Folgen von Armut und sozialer Ausgrenzung vor Augen hält.

Die Frage, was Aufwachsen in Armut für betroffene Kinder und Jugendliche bedeutet, wird international seit rund 40 Jahren intensiv diskutiert und ist auch in Deutschland seit geraumer Zeit ein zentrales Thema. Dabei geht es nur selten um Formen absoluter Armut, die eine existenzielle Gefährdung grundlegender Bedürfnisse wie Hunger und Obdachlosigkeit umfasst. Wie in anderen Wohlfahrtsstaaten steht vorrangig relative Armut im Mittelpunkt, bei der das soziokulturelle Existenzminimum unterschritten und die

Beteiligung am kulturellen, sozialen und politischen Leben maßgeblich eingeschränkt wird (Butterwegge 2018). Einkommensarmut wird hierbei zumeist an einem Einkommen unterhalb der Armutsrisikoschwelle festgemacht, aber auch der Bezug von Bürgergeld oder Sozialhilfe zeigt an, dass der Haushalt nicht aus eigenen Mitteln und Kräften das soziokulturell angemessene Einkommen erwirtschaften kann.

Einkommensarmut kommt meist im Schlepptau weiterer Belastungslagen: Arbeitslosigkeit ist ein zentraler Risikofaktor für Armut, aber auch bei niedrigem Bildungsabschluss der Eltern ist die Armutsgefährdungsquote von Minderjährigen 5,6-mal so hoch wie diejenige von Gleichaltrigen mit höher gebildeten Eltern (Destatis 2023). Auch Jugendliche mit Migrationshintergrund sind häufiger von Armut betroffen; und nicht zuletzt spielt die Familienstruktur eine wichtige Rolle. Kinderreiche Familien und vor allem Alleinerziehende haben ein deutlich erhöhtes Armutsrisiko (Deutscher Bundestag 2021).

Prof. Dr. Sabine Walper, Diplom-Psychologin, Pädagogin, ist Direktorin des Deutschen Jugendinstituts e.V. in München. E-Mail: walper@dji.de

Folgen von Armut für Jugendliche und ihre Familien

Das Jugendalter, also von 14 bis unter 18 Jahren, ist eine besonders entwicklungsintensive Phase, in der vielfältige Entwicklungsaufgaben anstehen: Mit der Pubertätsentwicklung rückt die Auseinandersetzung mit der Geschlechtsrolle, der Geschlechtsidentität und der Selbstpräsentation in den Vordergrund. Autonomiebestrebungen steigen und der „Aktionsradius" der jungen Menschen weitet sich aus. Beziehungen zu Gleichaltrigen gewinnen an Bedeutung und erste Liebesbeziehungen werden aufgenommen. Die Schullaufbahn steuert auf ihr Ende zu und Fragen der Berufswahl werden virulent. Neben diesen „klassischen" Entwicklungsaufgaben gehören inzwischen auch das Hineinwachsen in die Konsumentenrolle mit Freizeitgestaltung und Mediennutzung sowie Regeneration zu den zentralen Themen, mit denen Jugendliche sich im Zuge ihrer Verselbstständigung auseinandersetzen (Eschenbeck/Knauf 2018).

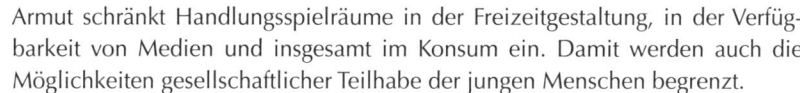

> Armut schränkt Handlungsspielräume in der Freizeitgestaltung, in der Verfügbarkeit von Medien und insgesamt im Konsum ein. Damit werden auch die Möglichkeiten gesellschaftlicher Teilhabe der jungen Menschen begrenzt.

Kostenpflichtige Möglichkeiten der Bildungsförderung wie Nachhilfe oder Auslandsaufenthalte mit Fremdsprachenunterricht in den Ferien sind unter Armutsbedingungen kaum zugänglich. Auch Mitgliedschaften in einem Verein können sich ökonomisch deprivierte Kinder und Jugendliche seltener leisten (Leven/Schneekloth 2010). Selbst die Teilnahme an Klassenfahrten kann gefährdet sein.

Risiken für die soziale Teilhabe unter Gleichaltrigen

Wenn mit zunehmendem Alter die Bedeutung der Peergruppe zunimmt, bestimmt auch der soziale Status die Zugehörigkeit zu den Gleichaltrigen mit. So fühlen sich Jugendliche in Armut häufiger durch Gleichaltrige abgelehnt, sie verfügen über einen durchschnittlich kleineren Freundeskreis und sind weniger zufrieden mit den Freundschaftsbeziehungen als Gleichaltrige, die nicht in Armut leben (Walper et al. 2001). Dass dies nicht nur ein subjektiver Eindruck ist, zeigt eine schwedische Studie anhand soziometrischer Daten von Schulklassen: Jugendliche aus armutsbetroffenen Familien hatten durchschnittlich weniger Freundschaften in ihrer Schulklasse und waren häufiger von sozialer Isolation im Schulkontext betroffen (Hjalmarsson/Mood, 2015). Armut schränkt also auch die soziale Teilhabe unter Gleichaltrigen ein.

Belastungen des Wohlbefindens und der Gesundheit

Erfahrungen sozialer Zurückweisung unter Gleichaltrigen sind eine starke Belastung, aber auch das Bewusstsein, nicht mithalten zu können, verletzt das Selbstwertgefühl. So tragen finanzielle Einschränkungen auch zu Minderwertigkeitsgefühlen der Betroffenen bei, die oft noch über das Ende der Armutsperiode hinaus bestehen bleiben und mit Beeinträchtigungen des seelischen Wohlbefindens einhergehen. Dies kann sich in erhöhtem internalisierenden Problemverhalten der Jugendlichen manifestieren mit Depressivität, Ängstlichkeit und Gefühlen der Traurigkeit, aber auch in externalisierendem Problemverhalten mit Aggressivität, Wutausbrüchen und Feindseligkeit (Walper 2009; Wickham et al. 2017). Besonders die erlebte Diskriminierung im Kontext von Armut ist bedeutsam und belastet auch das körperliche Wohlbefinden von Jugendlichen (Fuller-Rowell et al. 2012).

Mit Blick auf die körperliche und psychische Gesundheit, aber auch das Gesundheitsverhalten zeigt die deutsche Studie zur Gesundheit von Kindern und Jugendlichen in Deutschland (KiGGS) deutliche Nachteile von Kindern und Jugendlichen aus Armutslagen oder Familien mit niedrigem sozioökonomischen Status auf (Lampert/Kuntz 2019). Besonders ausgeprägt sind die Nachteile im Bereich psychischer und subjektiver Gesundheit. Während Unterschiede im Gesundheitsverhalten (Ernährung, Bewegung) vor allem von der Bildung und beruflichen Stellung der Eltern abhängen, bleiben die gesundheitlichen Einschränkungen bei Armut auch unter Kontrolle dieser Hintergrundfaktoren bestehen.

Eingeschränkte Bildungschancen

Nicht zuletzt leiden die schulischen und beruflichen Möglichkeiten von Heranwachsenden aus deprivierten Lebenslagen unter den nachteiligen Auswirkungen, die Armut im Entwicklungsverlauf auf ihre kognitive und Sprachentwicklung haben kann. Mangelnde sozioökonomische Ressourcen der Eltern gehen oft mit einem weniger anregungsreichen Umfeld und geringeren Fördermöglichkeiten der Familien einher, sodass die Schulleistungen und Schulabschlüsse hinter denen der wohlhabenderen Gleichaltrigen zurückbleiben (Blums et al. 2017). Auch soziale Ausgrenzung und psychische Belastungen senken die Chancen erfolgreicher Bildungsverläufe. Die aktuellen Ergebnisse der PISA-Erhebung 2022 zeigen erneut deutliche Kompetenzunterschiede von Jugendlichen je nach sozioökonomischem Hintergrund, die in Deutschland – wie in der Vergangenheit auch – überdurchschnittlich stark ausfallen (OECD 2023).

Armutsbedingte familiäre Belastungen

Armut ist nicht nur für die Jugendlichen selbst, sondern auch für deren Familien vielfach mit Stress verbunden. Starke finanzielle Einschränkungen tragen zu Existenzängsten und emotionalen Belastungen der Eltern bei (Wickrama et al. 2012), die es ihnen erschweren, zugewandt auf die Bedürfnisse ihrer Kinder einzugehen, und stattdessen strenges, inkonsistentes Erziehungsverhalten wahrscheinlicher machen (Kavanaugh et al. 2018). Auch die Shell-Jugendstudie zeigt, dass Jugendliche aus Familien mit schwachen sozioökonomischen Ressourcen häufiger eine schlechte Beziehung zu ihren Eltern haben als bessergestellte Jugendliche (Wolfert/Quenzel 2019).

Solche Belastungen des Familien- und Erziehungsklimas unter finanziellem Druck bieten nicht nur in der Kindheit, sondern auch im Jugendalter ungünstige Bedingungen für die Entwicklung und Gesundheit der jungen Menschen (z.B. Kavanaugh et al. 2018). Vor allem Probleme in der Eltern-Kind-Beziehung und der Eltern-Jugendlichen-Interaktion sind wichtige Faktoren, die das geringere Wohlbefinden armutsbetroffener Jugendlicher erklären (Walper/Fiedrich 2017). Auch ungünstiges Gesundheitsverhalten Jugendlicher kann auf diesem Weg wahrscheinlicher werden, teilweise mit Nachwirkungen bis ins frühe Erwachsenenalter (Lee 2014).

Unterstützungsmöglichkeiten der Kinder- und Jugendhilfe

Die Arbeitsgemeinschaft der Kinder- und Jugendhilfe (AGJ) hat in ihrem Positionspapier zu armutssensiblem Handeln in der Kinder- und Jugendhilfe aufgezeigt, welche Handlungsfelder der Kinder- und Jugendhilfe einen Beitrag zur Prävention armutsbedingter Belastungen von Kindern, Jugendlichen und ihren Familien leisten und wie dieser Beitrag gestärkt werden kann (AGJ 2022). Einige dieser Angebote richten sich an Familien mit jungen Kindern (Frühe Hilfen, Kindertagesbetreuung, Kita-Sozialarbeit) und können einen wichtigen Beitrag zur Abwehr armutsbedingter Nachteile in dieser frühen Entwicklungsphase leisten. Da hier Jugendliche im Vordergrund stehen, beziehen wir uns im Folgenden auf Angebote, die (auch) Jugendliche und deren Familien adressieren, und knüpfen an die Ausführungen der AGJ an.

Jugendverbände

Jugendverbände sind Orte jugendlicher Selbstorganisation und Interessenvertretung. Je nach spezifischem Verbandsprofil bieten sie unterschiedliche Aktivitäten, Bildungs- und Identifikationsmöglichkeiten. Jugendverbandsarbeit umfasst auch politische Bildungsarbeit, in deren Rahmen sich Jugendliche kritisch mit gesellschaftlichen Verhältnissen und bestehenden Chancenungleichheiten und Ungerechtigkeiten auseinandersetzen können. Sie befähigt junge Menschen, für ihre Interessen einzutreten, und kann damit gerade jungen Menschen aus benachteiligten Lebenslagen Wege zu Empowerment eröffnen. Allerdings ist die faktische Einbindung armutsbetroffener Jugendlicher durch finanzielle Zugangsbarrieren wie Mitgliedsbeiträge, (Ausrüstungs-)Kosten für besondere Aktivitäten und Teilnahmebeiträge bei Freizeiten oder Ausflügen eingeschränkt (Voigts 2014). Kinder mit Migrationshintergrund sind hiervon vermehrt betroffen. Hinzu kommen milieuspezifische Hemmnisse, aber auch – wie der 16. Kinder- und Jugendbericht herausstellt – ein Informationsdefizit der Jugendlichen über vorhandene Angebote (BMFSFJ 2020, S. 341). Entsprechend gilt es hier vor allem, die Einbindung armutsbetroffener Jugendlicher zu prüfen und ggf. zu verbessern.

Offene Kinder- und Jugendarbeit

Die Offene Kinder- und Jugendarbeit (OKJA) eröffnet niederschwellige Zugänge zu sozialer Teilhabe unter Gleichaltrigen, fördert soziale Integration und aktive Beteiligung an gemeinsamen Aktivitäten, die informelle Lerngelegenheiten auch zur Stärkung von Lebenskompetenzen bieten. Kinder und Jugendliche in Armutslagen sind eine besonders wichtige Zielgruppe ihrer Angebote, da armutsbetroffenen Jugendlichen die Einbindung in Vereine und Jugendverbände oft verwehrt ist und die OKJA eine kostenfreie Alternative hierzu darstellt. Gleichzeitig muss sie auch bessergestellten Jugendlichen attraktive Angebote machen, um sozialen Spaltungen entgegenzuwirken und die Integration unterschiedlicher sozialer Gruppen zu ermöglichen. Armutssensibles Handeln, das die Potenziale armutsbetroffener Jugendlicher erkennt und fördert, ist in diesem Kontext besonders wichtig.

Jugendsozialarbeit

Jugendsozialarbeit hat den expliziten Auftrag, soziale Benachteiligung auszugleichen und junge Menschen auf dem Weg durch die schulische und berufliche Ausbildung sowie in die Arbeitswelt zu fördern und zu stärken. Hierbei übernimmt sie vielfach eine wichtige Vermittlerrolle in der Kooperation mit Bildungs- und Arbeitswelt, u.U. aber auch weiteren Unterstützungssystemen, z.B. im Gesundheitssektor. Wie die AGJ herausstellt, leistet gerade die gezielte Begleitung junger Menschen außerhalb der Systeme formaler Bildung einen wichtigen Beitrag, um sie unter Berücksichtigung aller ihrer Entwicklungsaufgaben auf ihrem Weg in die ökonomische Selbstständigkeit zu unterstützen. Insbesondere Schulsozialarbeit kann jedoch auch innerhalb der Schule Chancengerechtigkeit stärken, indem sie niederschwellig berät, Angebote zum Abbau von Schulängsten und Problemverhalten bzw. zum Aufbau sozialer und selbstbezogener Kompetenzen macht, aber auch gruppen- und schulbezogen soziale Integration stärkt und zum Abbau von Diskriminierung und Gewalt beiträgt.

Die ähnlich benannten Angebote „Schulsozialpädagogik", „schulbezogene Jugendarbeit", „Jugendsozialarbeit an Schulen" signalisieren teils unterschiedliche Leistungen, Rechtsgrundlagen und Angebote, insgesamt jedoch die dauerhafte und konzeptuell abgestimmte Zusammenarbeit von sozialpädagogischen Fachkräften und Schule. Speziell die kinder- und jugendzentrierte Armutsprävention im Rahmen von Schulsozialarbeit muss sich, um erfolgreich zu sein, an Qualitätskriterien orientieren (Ermel/Haupt 2012). Sie bedarf hierfür aber auch einer angemessenen Ausstattung, erst recht, um dem aktuellen Bedarf gerecht zu werden. Wenngleich ihre Bedeutung zunehmend anerkannt wird, braucht Jugend- bzw. Schulsozialarbeit gesicherte Ressourcen (AGJ 2022) ebenso wie aktuellen Aufschluss über Bedarfe, Aufgabenfelder und tragfähige Kooperationsstrukturen zur Weiterentwicklung der eigenen Angebote.

Erziehungsberatung

Nicht zuletzt kommt der Familien- bzw. Erziehungsberatung eine wichtige Aufgabe im Bereich der Armutsprävention zu, um Problemverhalten der Jugendlichen zu bearbeiten, Eltern in ihren Erziehungskompetenzen zu stärken und eskalierenden Konflikten vorzubeugen. Beziehungsprobleme in Familien Jugendlicher bestehen zwar häufig schon länger, können aber in dieser Phase unter Einbezug der Jugendlichen auch anders bearbeitet werden. Auch dem mit dem Kinder- und Jugendstärkungsgesetz (KJSG) von 2021 gestärkten Beratungs- und Beteiligungsanspruch junger Menschen ist Rechnung zu tragen.

Allerdings machen Familien in Armutslagen – festgemacht am Bezug von Transferzahlungen (z.B. Arbeitslosengeld II, Kinderzuschlag) – nur 14 % der Klienten der Erziehungsberatung aus, während mehr als jede zweite Familie, die (intensivere) Hilfen zur Erziehung jenseits der Erziehungsberatung erhält, auf Transferzahlungen angewiesen ist (Arbeitsstelle Kinder- und Jugendhilfestatistik 2023). Die Erziehungsberatung als niedrigschwellige Form der Unterstützung in Erziehungsfragen erreicht also Familien in Armutslagen weniger. Auch generell sind Familien mit Jugendlichen weniger in der Erziehungsberatung und den ambulanten Hilfen vertreten als Familien mit Kindern im Grundschulalter und der frühen Sekundarstufe I (bis unter 14 Jahre). Eine Profilierung geeigneter Angebote unter Beteiligung von Eltern und Jugendlichen in Armutslagen könnte diese Angebote zu einem attraktiveren und wirkungsvolleren Instrument der Armutsprävention machen.

Fazit

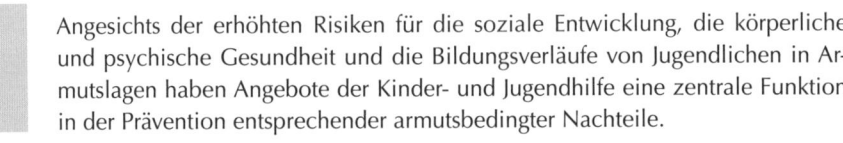

Angesichts der erhöhten Risiken für die soziale Entwicklung, die körperliche und psychische Gesundheit und die Bildungsverläufe von Jugendlichen in Armutslagen haben Angebote der Kinder- und Jugendhilfe eine zentrale Funktion in der Prävention entsprechender armutsbedingter Nachteile.

Die hierfür erforderliche armutssensible Ausgestaltung der Angebote ist anspruchsvoll und auf eine entsprechende Qualifikation aller Fachkräfte und eingebundenen Ehrenamtlichen angewiesen, die nicht nur in Ausbildung, Studium, Fort- und Weiterbildung vermittelt werden muss, sondern auch eine Team- und Organisationsaufgabe darstellt (AGJ 2022).

Wie gut auch armutsbetroffene Jugendliche in die Angebote der Jugendverbandsarbeit eingebunden sind und wie gut sie durch Beratungsangebote innerhalb und außerhalb von Schulen und beruflicher Bildung erreicht werden, muss regelmäßig geprüft werden, um bei Bedarf neue Zugangswege entwickeln und implementieren zu können. Auch die Integration sozial heterogener Gruppen in der Offenen Kinder- und Jugendarbeit ist voraussetzungsvoll. Der Anspruch, junge Menschen bei der bedarfsgerechten Ausgestaltung und Weiterentwicklung von Angeboten partizipativ zu beteiligen, bedarf armutssensibler Beteiligungsformate. Nicht zuletzt gilt es, die Zusammenarbeit innerhalb der sozialen Infrastruktur für junge Menschen zu stärken, um über die kommunal koordinierte Vernetzung von Professionen, Trägern und Institutionen ein tragfähiges bedarfsorientiertes Präventionsnetzwerk zu etablieren.

Literatur

AGJ – Arbeitsgemeinschaft der Kinder- und Jugendhilfe (2022): Armutssensibles Handeln – Armut und ihre Folgen für junge Menschen und ihre Familien als Herausforderung für die Kinder- und Jugendhilfe. Positionspapier der Arbeitsgemeinschaft der Kinder- und Jugendhilfe – AGJ, Berlin.

Arbeitsstelle Kinder- und Jugendhilfestatistik (2023): Monitor Hilfen zur Erziehung 2023, Dortmund, https://www.hzemonitor.akjstat.tu-dortmund.de/kapitel-3/2-transferleistungsbezug (11. Januar 2024).

Blums, Angela/Belsky, Jay/Grimm, Kevin/Chen, Zhe (2017): Building links between early socioeconomic status, cognitive ability, and math and science achievement, in: Journal of Cognition and Development, 18, S. 16–40.

BMFSFJ – Bundesministerium für Familie, Senioren, Frauen und Jugend (Hrsg.) (2020): 16. Kinder- und Jugendbericht. Förderung demokratischer Bildung im Kindes- und Jugendalter, Berlin.

Butterwegge, Christoph (2018): Armut, in: Kopp, Johannes/Steinbach, Anja (Hrsg.): Grundbegriffe der Soziologie, Wiesbaden, S. 29–31.

Destatis – Statistisches Bundesamt (2023): Kinder und Jugendliche von Eltern mit niedrigem Bildungsabschluss besonders von Armut bedroht. Destatis Pressemitteilung vom 26. Juli 2023, https://www.destatis.de/DE/Presse/Pressemitteilungen/2023/07/PD23_N045_63.html (15. Januar 2024).

Deutscher Bundestag (2021): Neunter Familienbericht. Eltern sein in Deutschland – Ansprüche, Anforderungen und Angebote bei wachsender Vielfalt. Mit Stellungnahme der Bundesregierung, Berlin.

Ermel, Nicole/Haupt, Stephanie (2012): Für ein Aufwachsen im Wohlergehen. Schulsozialarbeit als Wegbereiterin erfolgreicher Bildungswege. Expertise zur Qualitätsentwicklung, Berlin.

Eschenbeck, Heike/Knauf, Rhea-Katharina (2018): Entwicklungsaufgaben und ihre Bewältigung, in: Lohaus, Arnold (Hrsg.): Entwicklungspsychologie des Jugendalters, Berlin, S. 23–50.

Fuller-Rowell, Thomas E./Evans, Gary W./Ong, Anthony D. (2012): Poverty and health. The mediating role of perceived discrimination, in: Psychological Science, 23, S. 734–739.

Hjalmarsson, Simon/Mood, Carina (2015): Do poorer youth have fewer friends? The role of household and child economic resources in adolescent school-class friendships, in: Children and Youth Services Review, 57, S. 201–211.

Kavanaugh, Shane A./Neppl, Tricia K./Melby, Janet N. (2018): Economic pressure and depressive symptoms: Testing the family stress model from adolescence to adulthood, in: Journal of Family Psychology, 32, S. 957–965.

Lampert, Thomas/Kuntz, Benjamin (2019): Auswirkungen von Armut auf den Gesundheitszustand und das Gesundheitsverhalten von Kindern und Jugendlichen, in: Bundesgesundheitsblatt-Gesundheitsforschung-Gesundheitsschutz, 62, S. 1263–1274.

Lee, Hedwig (2014): The role of parenting in linking family socioeconomic disadvantage to physical activity in adolescence and young adulthood, in: Youth & Society, 46, S. 255–285.

Leven, Ingo/Schneekloth, Ulrich (2010): Die Freizeit: Sozial getrennte Kinderwelten, in: World Vision Deutschland (Hrsg.): Kinder in Deutschland 2010, Weinheim/Basel, S. 95–140.

OECD (2023): PISA 2022. Ergebnisse (Band I): Lernstände und Bildungsgerechtigkeit, Bielefeld.

Voigts, Gunda (2014): Auf dem Weg zu inklusiven Gestaltungsprinzipien? Versuch einer empirischen Verortung von Inklusion als jugendverbandliche Herausforderung, in: Oechler, Melanie/Schmidt, Holger (Hrsg.): Empirie der Kinder- und Jugendverbandsarbeit: Forschungsergebnisse und ihre Relevanz für die Entwicklung von Theorie, Praxis und Forschungsmethodik, Wiesbaden, S. 237–248.

Walper, Sabine (2009): Links of perceived economic deprivation to adolescents' well-being six years later, in: Zeitschrift für Familienforschung, 21, S. 107–127.

Walper, Sabine/Gerhard, Anna-Katharina/Schwarz, Beate/Gödde, Mechtild (2001): Wenn an den Kindern gespart werden muß. Einflüsse der Familienstruktur und finanzieller Knappheit auf die Befindlichkeit von Kindern und Jugendlichen, in Walper, Sabine/Pekrun, Reinhard (Hrsg.): Familie und Entwicklung. Perspektiven der Familienpsychologie, Göttingen, S. 266–291.

Walper, Sabine/Fiedrich, Stefan (2017): Impact of the recession on family dynamics and youth well-being: Findings from the German Family Panel pairfam, in Schoon, Ingrid/Bynner, John (Hrsg.): Young people's development and the Great Recession. Uncertain transitions and precarious futures, Cambridge, S. 269–296.

Wickham, Sophie/Whitehead, Margaret/Taylor-Robinson, David/Barr, Ben (2017): The effect of a transition into poverty on child and maternal mental health: a longitudinal analysis of the UK Millennium Cohort Study, in: The Lancet Public Health, 2, S. e141-e148.

Wickrama, Kandauda A./Surjadi, Florensia F./Lorenz, Frederick O./Conger, Rand D./O'Neal, Catherine Walker (2012): Family economic hardship and progression of poor mental health in middle-aged husbands and wives, in: Family relations, 61, S. 297–312.

Wolfert, Sabine/Quenzel, Gudrun (2019): Vielfalt jugendlicher Lebenswelten: Familie, Partnerschaft, Religion und Freundschaft, in: Shell Deutschland Holding (Hrsg.): Jugend 2019. Eine Generation meldet sich zu Wort. 18. Shell Jugendstudie, Weinheim/Basel, S. 133–161.

Aufsuchende sozialpäda-gogische Familienhilfen

Andreas Gut, Anja Langness, Thomas Ley, Jens Pothmann (Hrsg.)

2022, 160 Seiten, kart.; 19,80 €, für Mitglieder des Deutschen Vereins 15,80 €
ISBN 978-3-7841-3271-6

Aufsuchende sozialpädagogische Familienhilfen sind ein zentraler Bestandteil der Kinder- und Jugendhilfelandschaft in Deutschland. Hierzu gehören sozialpädagogische Unterstützungsleistungen, die zwar das Wohl des Kindes und dessen Recht auf Förderung seiner Entwicklung im Fokus haben, jedoch im Unterschied zu anderen Leistungen der Kinder- und Jugendhilfe nicht am Kind ansetzen, sondern am System Familie.

Der vorliegende Band dient dazu, Fachkräften und Studierenden einen kompakten Überblick über das Handlungsfeld aufsuchender sozialpädagogischer Familienhilfen zu geben, einen Eindruck von den fachlichen Herausforderungen zu vermitteln, Chancen und Grenzen sozialpädagogischen Handelns im aufsuchenden Kontext sichtbar zu machen und Anregungen zur Qualitätsentwicklung zu geben.

Versandkostenfrei bestellen im Online-Buchshop:
www.verlag.deutscher-verein.de

Deutscher Verein für öffentliche und private Fürsorge e.V.

Michael Borg-Laufs

Soziale Vereinsamung und psychische Belastungen: Wie kann Jugendhilfe betroffene Jugendliche erreichen?

Nicht erst seit der Covid-19-Pandemie gelten Einsamkeit und damit verbunden psychische Belastungen als immer größere Problematik für Jugendliche. In diesem Beitrag wird zunächst der Zusammenhang des Einsamkeitserlebens mit den psychischen Grundbedürfnissen herausgearbeitet, um dann daraus Ansätze für die Jugendhilfe abzuleiten, wie diese betroffene Jugendliche erreichen und unterstützen kann.

Einsamkeit bei Kindern und Jugendlichen

Unter Kindern und Jugendlichen ist Einsamkeit ein ernst zu nehmendes Problem, wenngleich auch zu berücksichtigen ist, dass Alleinsein und auch allein zu spielen nicht zwingend Anzeichen von Einsamkeit sein müssen. Goossens (2014) etwa führt aus, dass Zeiten des freiwilligen Alleinseins gerade für Jugendliche eine gelingende und selbstreflektierte Entwicklung unterstützen. Wichtig ist, ob es ein subjektives Empfinden des Fehlens enger sozialer Bindungen als „quälendes Bewusstsein eines inneren Abstandes zu anderen Menschen" gibt (Schwab 1997, 22).

Twenge (2018) weist bezugnehmend auf umfangreiche US-amerikanische Datenerhebungen über mehrere Jahrzehnte darauf hin, dass die Zahl sich als einsam empfindender Jugendlicher deutlich zugenommen hat: „Jugendliche waren seit 1991, als die Erhebungen begannen, nie einsamer als heute" (ebd., 152). Obwohl Eisermann (2015) zu Recht darauf hinweist, dass Social Media ja gerade soziale Interaktion fokussieren, sieht Twenge (2018) hier einen deutlichen Zusammenhang mit der Tatsache, dass sich soziale Interaktion vermehrt vom Offline- ins Onlineleben verschiebt.

Die Covid-19-Pandemie und die damit verbundenen zum Teil erheblichen Kontaktbeschränkungen der Jahre 2020 bis 2022 scheinen im Übrigen erwartungswidrigerweise nicht zu einer Zunahme des Leidens unter Einsamkeit geführt zu haben (Cooper et al. 2021). Insbesondere war ein guter Kontakt zu den Eltern ein wichtiger Schutzfaktor gegen psychische Belastungen während der Pandemie. Darüber hinaus spielte vermutlich eine Rolle, dass Jugendliche erkennen konnten, dass sie in gleichem Maße wie alle anderen weniger Kontakte hatten. Im sozialen Vergleich mit anderen standen sie genauso gut oder schlecht da wie ihre Altersgenossen.

Insgesamt zeigt sich über alle Altersgruppen im Kindes- und Jugendalter hinweg in verschiedenen aktuellen Studien (vgl. dazu im Überblick Borg-Laufs 2023), dass eine sichere Bindung an die Eltern ein mächtiger Schutzfaktor gegen die Entwicklung von Einsamkeitsgefühlen ist. Naheliegenderweise ist aber ebenso das Erleben quantitativ ausreichender und qualitativ guter Freundschaften zentral in Bezug auf eigenes Einsamkeitserleben (vgl. etwa Lodder et al. 2017), wenngleich hier zu berücksichtigen ist, dass es hinsichtlich der gewünschten Anzahl an Freundschaften durchaus individuelle Unterschiede gibt. Vorrangig ist nicht die tatsächliche Anzahl an Freund/innen, sondern der subjektive Eindruck, ob dies genügend oder zu wenige gute Freund/innen sind.

Roth et al. (1999, 19) beschreiben den Forschungsstand zu den Folgen von Einsamkeit folgendermaßen:

> „Je einsamer jemand ist, desto ineffektivere Strategien zur Bewältigung von Einsamkeit wendet er/sie an. Zunehmende Einsamkeit geht einher mit vermehrter Passivität, Vermeidung, Rückzug und Abwertung von sich selbst und anderen."

Prof. Dr. Michael Borg-Laufs, Dipl.-Psych., KJP, PP, ist Professor für „Psychosoziale Arbeit mit Kindern" sowie Dekan und Studiengangsleitung MA „Soziale Arbeit – Psychosoziale Beratung und Mediation" am Fachbereich Sozialwesen der Hochschule Niederrhein, Mönchengladbach. E-Mail: Michael.Borg-Laufs@hs-niederrhein.de

Diese Beobachtung kann in der Praxis der Jugendhilfe immer wieder gemacht werden. Die betroffenen Kinder haben wenig Kontakte und ein schlechtes Verhältnis zu ihren Eltern. Im Kontakt erscheinen sie wenig zugänglich, eher abwehrend. Dieses Verhalten ist Resultat ihrer bindungsbezogenen Lebenserfahrungen, die sie dazu bringen, sich vor weiteren Verletzungen ihres Bindungsbedürfnisses schützen zu wollen. Wenn sie niemanden an sich heranlassen, dann kann ihnen auch niemand wehtun, so die (häufig unbewusste) Logik hinter diesem Verhalten. In der weiteren Folge führt dies allerdings zu einem Teufelskreis, denn durch ihr abwehrendes Verhalten machen sie immer häufiger auch die Erfahrung sozialer Zurückweisung und sehen sich immer mehr gezwungen, sich vor weiteren Verletzungen durch Zurückweisung zu schützen.

Dass Einsamkeit von Kindern und Jugendlichen mit verschiedenen sozialen und psychischen Auffälligkeiten wie etwa mangelnder sozialer Kompetenz, aggressivem Verhalten, Depression, Drogenmissbrauch, Suizidneigung u.a. assoziiert ist, wird nicht nur durch Studien bestätigt (vgl. im Überblick Borg-Laufs 2023), sondern ist auch inhaltlich plausibel.

Einsamkeit kann als zeitlich überdauerndes Phänomen verstanden werden. So konnten etwa Lempinen et al. (2018) in einer Langzeitstudie zeigen, dass im Kindesalter empfundene Einsamkeit auch noch im Erwachsenenalter bestehen bleibt. Einfach erscheinende

Maßnahmen wie Klassen- oder Schulwechsel helfen nicht weiter, denn die betroffenen Kinder geraten auch in der neuen Umgebung in die gleichen Kreisläufe wie vorher.

Einsamkeit und psychische Grundbedürfnisse

Bereits mehrfach wurde an anderer Stelle die Bedeutung der Befriedigung psychischer Grundbedürfnisse für das Wohlbefinden und die psychische Gesundheit von Kindern und Jugendlichen herausgearbeitet (z.B. Borg-Laufs 2014). Dabei geht es um die Grundbedürfnisse nach Bindung, Orientierung/Kontrolle, Selbstwerterhöhung und Lustgewinn/Unlustvermeidung. In dem vorliegenden Kontext soll daher der Zusammenhang dieser Grundbedürfnisse mit Einsamkeitserleben herausgearbeitet werden.

Bindung

Menschen streben danach, emotional tiefgehende Beziehungen aufzubauen. Schon in ihrem ersten Lebensjahr sammeln sie bindungsrelevante Erfahrungen mit ihren wichtigsten Bezugspersonen und entwickeln daraus ein inneres Arbeitsmodell von Bindung. Dieses innere Arbeitsmodell beeinflusst ganz wesentlich, in welcher Weise ein Mensch im weiteren Lebenslauf Beziehungen eingeht. Zwar können neu dazukommende Lebenserfahrungen dieses Modell während des ganzen Lebenslaufes ändern, häufig werden aber immer wieder das innere Arbeitsmodell bestätigende Erfahrungen gemacht.

Menschen, die bereits in ihrer frühen Kindheit die Erfahrung gemacht haben, dass sie bei Bindungswünschen zurückgewiesen werden, entwickeln unsicher-vermeidende Bindungsstile und werden in ihrer weiteren Entwicklung mit Misstrauen an Beziehungen herangehen und unterliegen daher einem erhöhten Risiko, Einsamkeit zu erleben. Wenn Bindungspersonen sich hingegen als unzuverlässig erweisen und Kinder den Eindruck haben, um Beziehungen kämpfen zu müssen (unsicher-ambivalenter Bindungsstil), zeigen sie in ihrer weiteren Entwicklung häufig klammerndes und beziehungsängstliches Verhalten. Bei Kindern, die überhaupt kein angemessenes Bindungsangebot von ihren Eltern erhalten, besteht die Gefahr der Entwicklung einer Bindungsstörung, was sie in vielerlei Hinsicht äußerst vulnerabel macht und erhebliche Auseinandersetzungen in Beziehungen nach sich zieht sowie das Eingehen von engen Beziehungen erheblich erschwert oder gar unmöglich macht.

 Zusammenfassend ist klar, dass Einsamkeit und die Befriedigung des Bindungsbedürfnisses in komplexer Wechselwirkung zueinander stehen.

Entstehen durch unzureichende Bindungsangebote keine sicheren Bindungen, so entstehen Gefühle von Entfremdung und Einsamkeit. Gleichzeitig entwickeln sich Verhaltensstile, die zukünftige befriedigende Beziehungserfahrungen erschweren und damit ein erhöhtes Einsamkeitsrisiko hervorbringen.

Orientierung und Kontrolle

Wir wollen den Eindruck haben, unsere Umwelt verstehen und beeinflussen zu können. Einsamkeit und damit mangelnde Möglichkeiten, im sozialen Miteinander zu lernen, die Welt zu verstehen, beeinträchtigen die Befriedigung dieses Grundbedürfnisses. Je geringer soziale Kompetenzen und/oder soziale Eingebundenheit sind, desto weniger werde ich den Eindruck haben, meine existenziell wichtige soziale Umwelt verstehen und beeinflussen zu können. Erfahrungen von sozialer Zurückweisung können als Kontrollverlust verstanden werden.

Selbstwerterhöhung

Gute soziale Beziehungen sind selbstwertstärkend, während Einsamkeit selbstwertdestabilisierend wirkt. Es ist eine zentrale Entwicklungsaufgabe des Jugendalters, stabile und befriedigende Beziehungen zu Gleichaltrigen aufzubauen (Mattejat 2008). Erfahrungen ungewollter Einsamkeit führen zu Verletzungen des Grundbedürfnisses nach Selbstwerterhöhung, da die Betroffenen sich häufig selbst die Schuld für ihre Einsamkeit geben. Sie werten sich daher innerlich ab, wenn sie Einsamkeit erfahren.

Lustgewinn und Unlustvermeidung

Viele erfreuliche und befriedigende Erfahrungen stehen in Zusammenhang mit engen und befriedigenden sozialen Beziehungen. Einsamkeit hingegen schränkt die Möglichkeiten des Lustgewinns deutlich ein. Während in der Kindheit noch viele lustbringende Erfahrungen mit den Eltern gemacht werden können, benötigen Jugendliche vor allem gute Beziehungen zu Gleichaltrigen für solche Erfahrungen.

Jugendhilfe für von Einsamkeit betroffene Jugendliche

Einsamkeit und die damit zusammenhängenden psychischen Belastungen müssen auch in der Jugendhilfe berücksichtigt werden, damit kritische Lebenslagen so bewältigt werden können, dass betroffene Jugendliche ihren Weg in ein befriedigendes Leben finden können. Hier ist insbesondere zu berücksichtigen, dass der Austausch mit Gleichaltrigen für die Bewältigung jugendlicher Entwicklungsaufgaben zwingend notwendig erscheint.

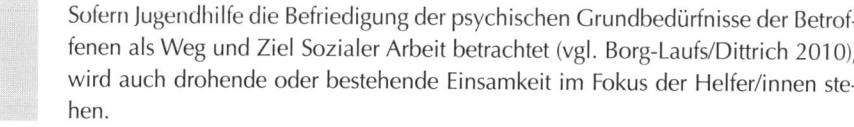

> Sofern Jugendhilfe die Befriedigung der psychischen Grundbedürfnisse der Betroffenen als Weg und Ziel Sozialer Arbeit betrachtet (vgl. Borg-Laufs/Dittrich 2010), wird auch drohende oder bestehende Einsamkeit im Fokus der Helfer/innen stehen.

Wenn die psychischen Grundbedürfnisse in den Blick genommen werden, dann kann es nicht nur um vordergründig auffälliges oder unerwünschtes Verhalten von Jugendlichen gehen. Stattdessen müssen damit zusammenhängende unbefriedigte oder verletzte Grundbedürfnisse erkannt werden. Selbstwertsteigernde, lustvermittelnde und bindungsorientierte Ansätze sind immer auch mit der sozialen Situation und den sozialen Handlungsmöglichkeiten der Jugendlichen verbunden. Daher wird die Arbeit an der Befriedigung dieser Grundbedürfnisse auch an möglicherweise vorhandenen Einsamkeitserfahrungen ansetzen.

Wie bereits beschrieben sind sichere Bindungen im Kindesalter wichtige Schutzfaktoren gegen spätere Einsamkeitserfahrungen. Jugendhilfeangebote, die die Eltern-Kind-Bindung stärken, können daher als Prävention gegen Einsamkeit verstanden werden. Für den Einsatz in verschiedenen Angeboten der Jugendhilfe (Erziehungs- bzw. Jugendberatungsstellen, Allgemeiner Sozialdienst [ASD], stationäre Jugendhilfe) existiert methodisches Werkzeug, mit dem sowohl Eltern-Kind-Bindungen in jedem Entwicklungsalter als auch Bindungen zu den professionellen Helfer/innen in stationären Jugendhilfeeinrichtungen unterstützt werden können (Borg-Laufs et al. 2021). Hierbei können aus einer großen Fülle von bindungsförderlichen Interventionen indikationsspezifisch verschiedene Vorgehensweisen ausgewählt werden.

Wenn in Risikofamilien präventiv gegen spätere Einsamkeit der Kinder gearbeitet werden soll, bietet sich ein Training der vier Schritte feinfühligen Elternverhaltens (ebd., 52 ff.) an. Durch Selbstbeobachtungs- und Reflexionsbögen, mit denen Elternteile – ggf. gemeinsam mit professionellen Helferpersonen – Wahrnehmung, Interpretation und prompte sowie angemessene Reaktionen auf das Verhalten von Kleinkindern, welches auf unbefriedigte Bedürfnisse hinweist, üben können, können sichere Bindungen wahrscheinlicher gemacht werden. Dadurch werden auch im Jugendalter Beziehungen leichter gestaltet werden können.

Jugendliche mit hoch belastenden bindungsbezogenen Vorerfahrungen, deren Einsamkeitsrisiko durch ihre Bindungsverletzungen hoch ist, sind häufiges Klientel in der stationären Jugendhilfe. Professionelle Betreuer/innen sollten die verschiedenen Phasen des Bindungsaufbaus bei solchen Jugendlichen kennen und sich in diesen Phasen sicher im Umgang mit den Jugendlichen bewegen können. Dabei ist ein behutsames Vorgehen notwendig, welches die Jugendlichen nicht überfordert. Gleichzeitig müssen die professionellen Helfer/innen in der Lage sein, mit intensiven Gefühlen ihrer Klient/innen umgehen zu können (ebd., 112 ff.).

Der Aufbau von Freundschaften bei Jugendlichen ist naheliegenderweise ein Bestandteil der Arbeit mit einsamen Jugendlichen. Hier zeigt sich aber auch, dass die Gestaltung der Hilfe vor dem Hintergrund eines umfassendes Bildes der Gesamtsituation des oder der Jugendlichen zu wählen ist. So liegt es etwa nahe, durchaus bewährte Trainings sozialer Kompetenz einzusetzen, um den Betroffenen notwendige Skills in der

Kontaktaufnahme und -gestaltung zu vermitteln. Untersuchungen (Caputi et al. 2021; Suveg et al. 2017) zeigen allerdings, dass durch solche Interventionen allein Einsamkeit in der Regel nicht langfristig bewältigt werden kann. Die in den Trainings erworbenen Skills sind häufig nicht ausreichend, um die möglicherweise tiefgehenden Sorgen, Selbstunsicherheiten und Ängste der Betroffenen so zu verändern, dass sie den durch die Einsamkeit vorhandenen Schutz vor Verletzungen ihres Selbstwertes und ihres Bindungsbedürfnisses aufgeben könnten.

Tatsächlich liegt das Problem häufig darin, dass das Eingehen enger Beziehungen, welche ein Einsamkeitsgefühl verringern könnten, aufgrund biografisch erfahrener Verletzungen des Bindungsbedürfnisses angstbesetzt ist: Wenn ich niemanden an mich heranlasse, kann mir auch niemand wehtun. Die betroffenen Jugendlichen benötigen behutsame Beziehungsangebote, die ihnen die Möglichkeit geben, in kleinen Schritten wieder andere Personen in ihren Nahraum zu lassen. Dies kann eine lange Zeit persönlicher Betreuung voraussetzen. Vorschnelle Versuche, die Betroffenen in engen Kontakt zu Gleichaltrigen zu bringen, scheitern daran, dass sie aus Angst vor Verletzungen in diesen Beziehungen nur oberflächlich bleiben. Hilfreich kann hierbei sein, mit den Jugendlichen ihre Beziehungen und Beziehungswünsche so zu reflektieren, dass Ängste vor zu nahen Beziehungen möglichst vermieden werden. Dazu können Materialien aus Borg-Laufs et al. (2021) wie etwa die Beziehungsinseln oder die Beziehungskreise (ebd., 187 ff.) helfen.

In der Arbeit mit den betroffenen Jugendlichen müssen auch die besonderen Anforderungen beachtet werden, die sich aus komorbid vorhandenen psychischen Störungen ergeben können. So wird etwa die mit einer Depression verbundene Antriebslosigkeit und Unlust nicht durch einfache pädagogische Angebote überwunden werden können. Vielmehr braucht es hier wahrscheinlich eine begleitende psychotherapeutische Behandlung, die erst die Voraussetzungen dafür schafft, dass betroffene Jugendliche motiviert sind, sich den Anstrengungen und Gefahren sozialer Kontakte auszusetzen.

Aber auch externalisierende Störungen wie etwa aggressive Verhaltensstörungen oder ADHS erschweren in mehrfacher Hinsicht die Überwindung von Einsamkeit. Einerseits haben Kinder und Jugendliche mit diesen Störungen häufige Erfahrungen von Zurückweisung gemacht, was auch bei ihnen Selbstwertzweifel und Ängste vor weiteren Zurückweisungen schürt. Andererseits ist ihr Verhalten, sofern die grundlegenden Verhaltensauffälligkeiten nicht durch entsprechende (häufig: psychotherapeutische) Hilfen erfolgreich behandelt wurden, für andere häufig gleichzeitig zu schwierig zu handhaben. Die Gefahr ist groß, dass sie aufgrund ihres Verhaltens weiterhin Erfahrungen von Zurückweisung machen und etwa von pädagogischen Gruppenangeboten daher nicht hinreichend profitieren können.

Nicht zuletzt soll auch darauf hingewiesen werden, dass auch lebensweltorientierte soziale bzw. kulturpädagogische Arbeit im Quartier wichtige Ansatzpunkte für Prävention und Überwindung von Einsamkeitsproblemen sein kann. Ähnlich wie von Ebert (2023) für die Arbeit mit Erwachsenen beschrieben, muss quartierbezogene Arbeit auch für Jugendliche mit geringen finanziellen Möglichkeiten Teilhabemöglichkeiten bieten. Wenn es keine Orte gibt, an denen Jugendliche sich treffen und miteinander interagieren können, an denen es etwa kulturelle Angebote für alle gibt, dann können am Individuum orientierte pädagogische und therapeutische Angebote schnell ins Leere laufen, weil die neu erworbenen oder verbesserten Kompetenzen, die dort erworben wurden, auch Orte brauchen, an denen sie im Alltag eingesetzt werden können.

Literatur

Borg-Laufs, M. (2014): Psychische Grundbedürfnisse bei Jugendlichen, in: Sozialmagazin, H. 9–10/2014, S. 14–20.

Borg-Laufs, M. (2023): Kinder- und Jugendhilfe. Einsamkeit bei Kindern und Jugendlichen, in: Noack Napoles, J./Noack, M. (Hrsg.): Handbuch Soziale Arbeit und Einsamkeit, Weinheim, S. 164–175.

Borg-Laufs, M./Breithaupt-Peters, M./Jankowski, E. (2021): Therapie-Tools Bindung und Bindungsstörungen, Weinheim.

Borg-Laufs, M./Dittrich, K. (2010): Die Befriedigung psychischer Grundbedürfnisse als Ziel Sozialer Arbeit, in: Borg-Laufs, M./Dittrich, K. (Hrsg.): Psychische Grundbedürfnisse in Kindheit und Jugend, Tübingen, S. 7–22.

Caputi, M./Cugnata, F./Brombin, C. (2021): Theory of mind and loneliness: Effects of a conversation-based training at school, in: International journal of psychology, 56, S. 257–265.

Cooper, K./Hards, E./Moltrecht, B./Reynolds, S./Shum, A./McElroy, E./Loades, M. (2021): Loneliness, social relationships, and mental health in adolescents during the COVID-19 pandemic, in: Journal of Affectiv Disorders, 289, S. 98–104.

Ebert, S. (2023). Gemeinschaftsbildung und Einsamkeitsprävention in Kulturpädagogischer Quartierarbeit, in: Noack Napoles, J./Noack, M. (Hrsg.): Handbuch Soziale Arbeit und Einsamkeit, Weinheim, S. 238–249.

Eisermann, B. (2015): Bei Facebook nicht gemeinsam und dazu noch einsam? Wie sozial ist die Soziale Netzwerk-Seite Facebook?, in: Borg-Laufs, M. (Hrsg.): Soziale Online-Netzwerke in Beratung und Therapie, Tübingen, S. 63–70.

Goossens, L. (2014): Affinity for Aloneness in Adolescence and Preferences for Solitude in Childhood: Linking Two Research Traditions, in: Caplan, R. J./Bowker J. C. (Hrsg.): The Handbook of Solitude, Chichester, S. 150–166.

Lempinen, L./Junttila, N./Sourancer, A. (2018): Loneliness and friendships among eight-year-old children: time-trends over a 24-year period, in: Journal of child psychology and psychiatry, and allied disciplines, 59, S. 171–179.

Lodder, G. M. A./Scholte, R. H. J./Goossens, L./Verhagen, M. (2017): Loneliness in Early Adolescence: Friendship Quantity, Friendship Quality, and Dyadic Processes, in: Journal of clinical child and adolescent psychology, 46, S. 709–720.

Mattejat, F. (2008): Entwicklungsorientierte Verhaltenstherapie mit Kindern und Jugendlichen, in: Verhaltenstherapie mit Kindern und Jugendlichen, 4, S. 77–88.

Roth, A./Möhrlein, H./Röhrle, B. (1999): Einsamkeit bewältigen. Manual zur Anleitung von Gruppen, Tübingen.

Schwab, R. (1997): Einsamkeit. Grundlagen für die klinisch-psychologische Diagnostik und Intervention, Bern.

Suveg, C./Kingery, J. H./Davis, M./Jones, A./Whitehead, M./Jocab, M. L. (2017): Still lonely: Social adjustment of youth with and without social anxiety disorder following cognitive behavioral therapy, in: Journal of anxiety disorders, 52, S. 72–78.

Twenge, J. M. (2018): Me, My Selfie and I, München.

Udo Seelmeyer, Nina Rehme

Digitalität: neue Zugänge und Arbeitsformen in der Jugendhilfe

Die enorme Bedeutung digitaler Technologien im Alltag von Kindern und Jugendlichen wie auch in der Arbeit von Fachkräften führt zu neuen Herausforderungen und Arbeitsweisen in der Sozialen Arbeit. Durch den Einsatz Künstlicher Intelligenz wird dies zukünftig sicherlich neue Dynamik erfahren. Der Beitrag gibt einen Überblick über die Rolle von Digitalität in der Kommunikation und Arbeit mit Kindern, Jugendlichen und Familien im Feld der Jugendhilfe.[1]

Der digitale Wandel, den moderne Gesellschaften mit zunehmender Beschleunigung erfahren, ruft auch neue gesellschaftliche und soziale Probleme hervor: Durch ungleich verteilte Zugangs-, Nutzungs- und Beteiligungsmöglichkeiten können sich im digitalen Raum soziale Ungleichheitsverhältnisse verstärken (Iske/Kutscher 2020), und im Kontext von Social Media entstehen neue Risiken, auf die die Kinder- und Jugendhilfe zu reagieren hat (für einen systematischen Überblick über den medienpädagogischen Diskurs hierzu: Sander et al. 2022). Der Jugendhilfe obliegt die Aufgabe, Kinder und Jugendliche dabei unterstützen, in solchen mediatisierten Lebenswelten ein gelingendes Leben zu führen. Dazu können auch digitale Assistenztechnologien oder digitale Medien beitragen, die den Adressat/innen der Kinder- und Jugendhilfe neue Zugänge und Chancen für gesellschaftliche Teilhabe eröffnen (Schiffhauer 2020; Seelmeyer 2019).

Auch die Fachkräfte der freien und öffentlichen Träger sind in ihrem Arbeitshandeln mit Digitalität konfrontiert, wenn Fachsoftware in administrativen Zusammenhängen oder in fachlichen Kernprozessen eingesetzt wird. Die Interaktion zwischen Mensch und Technik vollzieht sich dabei als „verteiltes Handeln in sozio-technischen Konstellationen" (Kutscher et al. 2015, 290), und die digitalen Technologien wandeln sich immer stärker von einem passiven Werkzeug hin zu einem aktiven Akteur in der sozialen Dienstleistungserbringung. Aus einer professionellen Dyade von Fachkraft-Adressat/in wird so eine Triade Fachkraft-Technologie-Adressat/in, gerahmt von der Organisation, die ebenfalls einem tiefgreifenden Wandel unterliegt (Seelmeyer/Waag 2020).

 Damit ist Digitalisierung für Einrichtungen der Kinder- und Jugendhilfe nicht mehr nur ein Thema für die „IT-Abteilung", sondern eine Querschnittsaufgabe,

---

1 Der Beitrag ist eine gekürzte und überarbeitete Fassung der Expertise, die von uns im Rahmen des Projekts „JAdigital. Digitalisierung in der Kinder- und Jugendhilfe konzeptionell gestalten" für das Institut für Sozialpädagogische Forschung Mainz gGmbH (ism) erstellt wurde (Rehme/Seelmeyer 2023).

die es auf allen organisatorischen sowie fachlichen Ebenen und inhaltlichen Feldern zu bearbeiten und zu reflektieren gilt.

Im Folgenden werden zunächst zentrale Anwendungsbereiche digitaler Technologien in der Kommunikation und der sozialpädagogischen Arbeit mit Kindern, Jugendlichen und Familien skizziert, sodann die Implikationen von Digitalisierung für Fachlichkeit und professionelles Handeln diskutiert und schließlich Anforderungen an einen fachlich angemessenen Umgang mit digitalen Technologien abgeleitet.

Einsatz digitaler Technologien in der Kinder- und Jugendhilfe

Digitale Medien erweitern den Möglichkeitsraum für Zugänge zur Kinder- und Jugendhilfe für Kinder, Jugendliche und deren Familien und eröffnen neue und vielfältige Formen der Kommunikation zwischen Adressat/innen und Fachkräften. Informations- und Kommunikationspraktiken können unter Einbezug der verschiedenen digitalen Technologien diverser gestaltet werden und sind mehr als je zuvor in die Alltagsstrukturen von Adressat/innen integrierbar (Engel/Seelmeyer 2021, 6). Es etablieren sich neue Wege der Informationsbereitstellung mittels thematisch und/oder zielgruppenbezogen ausgerichteter Informationsportale oder sozialräumlicher Informationsplattformen mit einer zielgruppenspezifischen Aufbereitung der lokalen Angebotslandschaft (Ley/Seelmeyer 2021, 4).

Udo Seelmeyer, Dr., Dipl. Päd., ist Professor für Sozialarbeitswissenschaft an der Hochschule Bielefeld. E-Mail: udo.seelmeyer@ hsbi.de

Auch die Nutzung Sozialer Netzwerke zur Kommunikation mit Adressat/innen bietet neue Interaktionsmöglichkeiten, die orts- und zeitunabhängig in den Alltag von Jugendlichen und Familien integrierbar sind. Das Internet wird in der Lebenswelt von Kindern und Jugendlichen zunehmend relevanter für die Pflege von Kontakten, als Ort des Kennenlernens, zum Austausch, aber auch zum Erhalt von Hilfe. Junge Menschen kommunizieren auf verschiedensten Plattformen und bauen dort Beziehungen auf, die sie teils nur im Digitalen, teils dann auch analog pflegen.

Nina Rehme, M.A. E-Mail: ninarehme@ googlemail.com

Plattformen können neue Formen der Partizipation bieten und Jugendlichen die Möglichkeit geben, ihre Bedürfnisse zu artikulieren. Soziale Organisationen können sich online über soziale Plattformen präsentieren und über Angebote informieren sowie auf Leistungen der Kinder- und Jugendhilfe aufmerksam machen (Wagner 2018). Zukünftig werden auch Chatbots vermehrt zur Kommunikation und Informationsbereitstellung zur Verfügung stehen. Diese sind orts- und zeitungebunden von beliebig vielen Personen nutzbar, zudem greifen sie schneller auf größere Informationsmengen zu als menschliche Berater/innen (Waag et al. 2020). Die rasante Entwicklung im Bereich generativer Künstlicher Intelligenz, welche natürlich-sprachliche Texte erzeugen kann, wurde mit der Veröffentlichung von ChatGPT Ende 2022 einer breiten Öffentlichkeit sichtbar. Heute sind damit Anwendungen möglich, die selbst Expert/innen noch vor einem Jahr in dieser Qualität nicht erwartet hätten.

Auch im engeren Kontext sozialpädagogischer Arbeit und Interaktion mit Kindern, Jugendlichen und ihren Familien halten digitale Technologien Einzug, welche die Angebote und Maßnahmen der Kinder- und Jugendhilfe erweitern, modifizieren oder in virtuelle Räume verlagern. Eine eher schon klassische Form eines solchen digitalisierten Angebots in der Kinder- und Jugendhilfe ist die Onlineberatung. Zu unterscheiden sind asynchrone Formate (Foren, E-Mail, Messenger, SMS) und synchrone Formate (Gruppen- und Einzelchat, Telefon, Video). Kinder und Jugendliche können Onlineberatung zeit- und ortsunabhängig nutzen, haben eine Auswahl an Kommunikationsformaten und verfügen über mehr Mitbestimmungsmöglichkeiten, da Beratungen ausprobiert, unterbrochen und jederzeit beendet werden können (Engel/Seelmeyer 2021, 5). Die lange vorherrschende dichotome Trennung in analoge oder digitale Beratungssettings wird mittlerweile im Ansatz des Blended Counselling überwunden: Dazu werden individuell abgestimmt auf die Adressat/innen und Hilfeverläufe analoge und verschiedenste digitale Kommunikationsformen und -technologien aus einer möglichst breiten Angebotspalette situativ gezielt ausgewählt und passgenau eingesetzt (Wenzel 2019, 225).

Neben der Onlineberatung stellt die virtuell-aufsuchende Arbeit in der Jugendsozialarbeit ein weiteres Beispiel für eine digitalisierte Dienstleistung dar. Fachkräfte sind präsent auf Social Media-Plattformen, um Jugendlichen in ihrer virtuellen Lebenswelt zu begegnen. Virtuell-aufsuchende Arbeit bietet vielfältige Unterstützung, von der Kontakt- und Beziehungspflege über die Eröffnung von Zugängen ins Hilfesystem bis hin zur individuellen Unterstützung bei Kriseninterventionen und längerfristigen Begleitungs- und Beratungsprozessen. Ebenfalls können Fachkräfte Kinder und Jugendliche auf bestehende Online-Angebote hinweisen oder bei der Suche nach Online-Angeboten begleiten (Bollig/Keppeler 2015).

Noch wenig verbreitet sind neuere Formen digitaler Technologien, die sich erst in jüngeren Jahren entwickelt haben und in ihrem Potenzial für Kinder und Jugendliche in der Jugendhilfe noch kaum erschlossen sind. Dazu gehören immersive Technologien wie die Virtuelle Realität (VR), die das „Eintauchen" in ein virtuelles Geschehen ermöglichen (Hagendorff 2020, 201). Die Technologien erlauben es z.B. Nutzer/innen, beliebige Erfahrungswelten aus der Ego-Perspektive virtuell zu erschließen. VR-Technologien können entsprechend in der Kinder- und Jugendhilfe für immersive Erfahrungen eingesetzt werden, um beispielsweise für Diskriminierung, soziale Ungerechtigkeit oder Gewalt zu sensibilisieren. Des Weiteren könnten VR-Technologien etwa Hilfestellung für

Kinder und Jugendliche bieten, die sozial isoliert leben und die z.B. immersive soziale Netzwerke und virtuelle Räume nutzen können, in denen sich Avatare als Repräsentanten realer Personen treffen und interagieren (Hagendorff 2020). Etwas weiter entwickelt ist der Einsatz in therapeutischen und rehabilitativen Einsatzkontexten.

Ebenfalls noch wenig verbreitet in der Kinder- und Jugendhilfe sind Soziale Roboter in den Bereichen Bildung, Therapie und Förderung zur Stärkung von Autonomie und Teilhabe von Kindern und Jugendlichen. Soziale Roboter können z.B. im Sinne des „Begleiter-Paradigmas" eine Art Freund darstellen, um Bedürfnisse zu erkennen und zu befriedigen, im therapeutischen Setting bei Menschen mit Autismus-Spektrum-Störungen oder im Feld der frühkindlichen Bildung angewendet werden, um sowohl die affektive Lernmotivation als auch die kognitive Lernleistung von Kindern zu steigern (Siebert 2020).

Implikationen für professionelles Handeln

Die hier skizzierten vielfältigen Formen der Nutzung digitaler Technologien in den verschiedenen Anwendungskontexten berühren das professionelle Selbstverständnis sowie die Handlungskompetenzen von Fachkräften. Digitalisierte Lebenswelten von Jugendlichen sowie digitalisierte Arbeitsvollzüge erfordern neue Fertigkeiten und Kompetenzen bei Adressat/innen wie bei Fachkräften und ebenso Prozessveränderungen in der Jugendhilfe, die neu zu bestimmen, zu entwickeln und in ihrer Umsetzung zu reflektieren sind.

Die medial durchdrungenen Lebenswelten von Jugendlichen (Tillmann 2020; Siller et al. 2020) erfordern darauf bezogene lebensweltorientierte und subjektorientierte Perspektiven (Tillmann 2020, 97):

> Fachkräfte und Organisationen müssen sich damit auseinandersetzen, wie sie angemessen auf Bedürfnisse und Herausforderungen von Adressat/innen in digital durchdrungenen Lebenswelten eingehen können, um bei der Bewältigung neuer sozialer und biografischer Probleme zu unterstützen und ein gelingendes Leben zu fördern.

Digitale Medien eröffnen Partizipationsmöglichkeiten für Adressat/innen und neue, lebensweltlich orientierte Zugänge zu Adressat/innen. Gleichzeitig reproduzieren digitale Medien Exklusionsmechanismen und es entstehen neue Ungleichheitsreproduktionen durch Barrieren in medial vermittelnden Angebotsformen der Kinder- und Jugendhilfe. So können

> „(a) eingeschränkte Zugänge zum Internet und zu digitaler Technik, (b) unterschiedliche Nutzungsweisen und Kompetenzen, aber auch (c) technische

Regulierungen durch Priorisierung oder Personalisierung von Inhalten zu Digitaler Ungleichheit und Digitaler Spaltung (‚Digital Divide') führen" (Ley/Seelmeyer 2021, 4).

Medienkompetenz spielt eine entscheidende Rolle, um Risiken durch belastende Inhalte, psychische Gewalterfahrungen oder Exklusion im Kontext digitaler Medien entgegenzuwirken und es Jugendlichen zu ermöglichen, sich auch im Netz vor solchen negativen Erfahrungen zu schützen, an der Gesellschaft teilzuhaben und sie mitzugestalten. Daraus ergibt sich die Aufgabe für Einrichtungen der Kinder- und Jugendhilfe, passende Angebote zum Aufbau von Medienkompetenzen bereitzustellen. Dazu müssen zunächst einmal Fachkräfte entsprechendes Wissen und Fähigkeiten im Umgang mit digitalen Medien erwerben. Denn die Vermittlung und Förderung der Medienkompetenz bei Eltern, Kindern und Jugendlichen ist eine wichtige sozialpädagogische Aufgabe, um einen kritischen und selbstbestimmten Umgang mit Medien zu realisieren (Siller et al. 2020, 324).

Schließlich stehen sowohl Fachkräfte als auch soziale Institutionen in der Verantwortung, über den Einsatz digitaler Systeme und über die Auswahl der Kommunikationsmedien mit ihren Adressat/innen im Rahmen der Hilfeerbringung oder der alltäglichen Kommunikation zu entscheiden (ebd., 329). Auch unter Berücksichtigung von Datensicherheit und -schutz gilt es abzuwägen, welche digitalen Dienste und Anwendungen im Kontakt mit Adressat/innen genutzt werden dürfen und sollten und welche nicht.

Neben den medienpädagogischen Herausforderungen durch digitalisierte Lebenswelten führen digitale Technologien aber auch zu einer Erweiterung, Modifizierung oder vollständigen Virtualisierung von Angeboten und Maßnahmen der Kinder- und Jugendhilfe selbst. Dies kann den Möglichkeitsraum für professionelles Handeln sowohl erweitern als auch begrenzen. So bieten mediale Kommunikationswege die Chance, lebensweltorientiert zu agieren und die von der Zielgruppe bevorzugten Kommunikationskanäle zu nutzen. Ein wesentlicher Vorteil ist die verbesserte Erreichbarkeit der Zielgruppe über niederschwellige und vielfältige Zugänge sowie offene Settings, die ein „easy-in – easy-out" erlauben (Engel/Seelmeyer 2021, 4).

Bei der digitalen Interaktion sind jedoch deren Besonderheiten zu berücksichtigen wie die fehlende körperliche Nähe, erschwerte oder fehlende Deutung nonverbaler Signale, Entstehung von Missverständnissen durch parallele oder zeitversetzte Nutzung verschiedener Kommunikationsmedien u.v.m. (Wenzel 2019, 220). Als problematisch stellt sich die Nutzung von i.d.R. kostenlosen Social Media-Anwendungen und Messengern der großen Tech-Konzerne dar, deren Geschäftsmodelle auf der Vermarktung dabei gesammelter Daten beruhen. Selbst wenn Textnachrichten verschlüsselt sind, werden bei der Kommunikation von Fachkräften mit Adressat/innen Metadaten erfasst. Auf Basis umfangreicher, datenbasierter Profile können Algorithmen dann beispielsweise im Internet automatisiert entscheiden, wer bestimmte Angebote angezeigt bekommt und zu welchen Konditionen, sodass dies – vielleicht auch erst in der Zukunft – negative Auswirkungen für Adressat/innen haben kann.

Schließlich sind Soziale Medien auch jenseits dieser Metadaten auf eine öffentliche Preisgabe von Daten und Informationen ausgelegt, womit Fachkräfte potenziell mehr Zugriff auf Daten und Informationen von Jugendlichen haben, die ihnen sonst verwehrt geblieben wären. Dies wirft die Frage auf, ob Fachkräfte „nebenbei" Informationen über das Leben ihrer Adressat/innen erhalten dürfen, die möglicherweise Entscheidungsprozesse der Fachkraft beeinflussen (Kutscher 2020, 350).

Eng verbunden damit ist schließlich auch die Verschmelzung von Privatheit und Öffentlichkeit: Durch die ständige Erreichbarkeit und Nutzung von privaten Geräten für berufliche Zwecke verschwimmen Grenzen zwischen beruflichen und privaten Formen digitaler Mediennutzung. Es braucht daher eine ethische Reflexion zum Verhältnis von Privatheit und Öffentlichkeit sowie zu Veränderungen bezüglich Erreichbarkeit und Flexibilität der Fachkräfte. Um Risiken und unklare Verantwortungsbereiche zu minimieren, sind neben einer kontinuierlichen Reflexion klare Richtlinien und einheitliche Vorgehensweisen festzulegen (ebd, 351).

> Um in diesen Spannungsfeldern von Datenschutz/Persönlichkeitsrechten vs. niedrigschwelligem Zugang oder der Grenzverschiebungen zwischen öffentlich/beruflich und privat angemessen zu agieren, müssen Fachkräfte eine reflektierte Haltung zu digitalen Medien einnehmen und ein Bewusstsein für ethische und moralische Aspekte ihrer Arbeit in Bezug auf digitale Daten entwickeln (ebd., 356).

Anforderungen an fachliches Handeln mit digitalen Technologien

Im Zuge der Veränderungen professioneller Handlungskompetenzen ergeben sich damit insgesamt verschiedene Anforderungen an einen fachlich angemessenen Einsatz digitaler Technologien, die im Folgenden im Kontext ethischer Fragestellungen sowie unter Berücksichtigung von Datenschutz und Datenrecht betrachtet werden.

In den unterschiedlichsten Szenarien werden in der Kinder- und Jugendhilfe digitale Daten von Kindern, Jugendlichen und Familien produziert, gesammelt, gespeichert, verarbeitet und analysiert. Eine besondere Bedeutung kommt daher dem Datenschutz zu. Ein zentraler Grundsatz des Datenschutzes ist die Transparenz im Umgang mit personenbezogenen Daten. Zentrale Grundsätze wie das Recht auf informationelle Selbstbestimmung und die Garantie der Privatsphäre sind in der Datenschutz-Grundverordnung (DSGVO) verankert (Pudelko/Richter 2020). Fachkräfte unterliegen einem Aufklärungs- und Erziehungsauftrag und somit der Verantwortung, Jugendliche und Familien zur Wahrnehmung ihrer Rechte (informationelle Selbstbestimmung) zu be fähigen. Es ist Aufgabe der Kinder- und Jugendhilfe, junge Menschen zum Recht auf Datenpartizipation sowie zu einem kritischen und selbstbestimmten Umgang mit digitalen Medien zu befähigen. Auf organisationaler Ebene sind die Bestellung einer oder eines Datenschutzbeauftragten, die Entwicklung eines Datenschutzkonzeptes sowie die Erstellung eines Verzeichnisses der Verarbeitungstätigkeiten entscheidende Anforderungen, um Datenschutz und Datensicherheit in der alltäglichen Arbeit der Einrichtung zu gewährleisten (ebd., 419).

Ethische Fragestellungen zur digitalen Transformation in der Kinder- und Jugendhilfe sind von Fachkräften aus verschiedenen Perspektiven zu reflektieren (Kaminsky 2021):

(1) Die *sozialethische* Perspektive orientiert sich an der Leitfrage, inwieweit sich soziale Organisationen verändern müssen, um die gesellschaftliche Gleichstellung von Personen im Zuge der Digitalisierung zu sichern. In diesem Zusammenhang müssen z.B. Zugänge zu digitalen Infrastrukturen und medienpädagogischen Angeboten zur Verfügung gestellt werden.

(2) In einer *individualethischen* Auseinandersetzung gilt es zu beurteilen, wie sich die Nutzung digitaler Technologien im lebensweltlichen Kontext der Einzelnen auswirkt. In dieser Perspektive ist die Debatte von der Frage geleitet, welche digitalen Mittel genutzt werden dürfen und müssen, um die Selbstständigkeit und Versorgung von Adressat/innen zu unterstützen und zu fördern.

(3) Damit einhergehend verändert sich das professionelle Selbstverständnis von Fachkräften. Aus einer *professionsethischen* Perspektive steht hierbei die Leitfrage im Fokus, welche digitalen Technologien genutzt werden dürfen, um die Qualität und Effektivität der professionellen Praxis zu fördern und professionelle Handlungsweisen zu erleichtern und zu unterstützen.

(4) Aus *organisationsethischer* Perspektive ist schließlich zu betrachten, wie digitale Technologien in sozialen Einrichtungen dazu beitragen, dass sie für ihren Zweck erforderliche Strukturen erhalten und unterstützen.

Im diskursiven Austausch über konkrete Digitalisierungsfragen wird die ethische Beurteilung zunehmend komplexer und kontroverser. Fachkräfte sind entsprechend dazu aufgefordert und in der eigenen Verantwortung, den Einsatz digitaler Mittel zu reflektieren sowie basierend auf ethisch-moralischer Argumentation situative Entscheidungen zu begründen und zu rechtfertigen (Kaminsky 2021).

Fazit

Die Ausführungen zur digitalen Transformation in der Kinder- und Jugendhilfe verdeutlichen die Vielseitigkeit und Komplexität des Diskurses. Der Mediatisierungsdiskurs verweist auf die zunehmend mediatisierte Lebenswelt von jungen Menschen und Familien sowie daraus resultierende Konsequenzen. Digitale Medien wie Social Media-Plattformen sowie Informations- und Vermittlungsportale prägen neue Formen von Informations- und Kommunikationspraktiken zwischen Fachkräften und Adressat/innen. Hier stehen Fachkräfte in der Verantwortung, digitale Partizipationsmöglichkeiten durch digitale Medien für Adressat/innen zu fördern und die Reproduktion von Exklusionsmechanismen durch digitale Medien zu minimieren. Neben den Mediatisierungsprozessen verändern sich im Zuge der Digitalisierung auch Angebote und Maßnahmen der Kinder- und Jugendhilfe selbst. Soziale Dienstleistungen werden digital erweitert und in virtuellen Räumen erbracht und ermöglichen neue lebensweltorientierte Zugänge zu den Zielgruppen der Kinder- und Jugendhilfe.

Mit den verschiedenen Formen der Nutzung von und des Umgangs mit digitalen Technologien sind auch neue Anforderungen an fachliche Handlungspraktiken verbunden. Bei allen digitalen Technologien ist aus ethischer Perspektive zu reflektieren und anhand ethisch-moralischer Argumentation zu begründen, ob und unter welchen Bedingungen deren Einsatz vermieden oder gar verboten werden sollte oder aber erlaubt oder sogar geboten ist. Für soziale Organisationen ist es elementar, Transparenz im Umgang mit personenbezogenen Daten sowie informationelle Selbstbestimmung und Privatsphäre zu garantieren. Handlungsbedarf besteht hier hinsichtlich der Einsetzung von Datenschutzbeauftragten, der Entwicklung von Datenschutzkonzepten sowie verstärkten Angeboten zur Befähigung von Adressat/innen bezüglich eines selbstbestimmten Umgangs mit digitalen Daten.

Die neuen fachlichen Anforderungen und benötigten Handlungskompetenzen verdeutlichen die Notwendigkeit der stetigen Weiterbildung von Fachkräften mit Blick auf Medienkompetenz, Datenkompetenz, Medienbildung und digitaler Bildung.[2] Soziale Einrichtungen sind gefordert, in fachlichen Konzepten die Möglichkeiten digitaler Instrumente und Methoden zu reflektieren sowie feld- und zielgruppenspezifische Qualifikationsangebote für Fachkräfte zur Verfügung zu stellen, damit sie entsprechendes Wissen erwerben und benötigte Kompetenzen entwickeln können.

---

2 Verschiedene Expertisen und Materialien und damit einen guten ersten Zugang zu Fragen der Digitalisierung im Kontext der Kinder- und Jugendhilfe bietet die Online-Plattform des Projektes „JAdigital. Digitalisierung in der Kinder- und Jugendhilfe konzeptionell gestalten", https://www.digitalejugendhilfe.de/

Literatur

Bollig, Christiane/Keppeler, Siggi (2015): Virtuell-aufsuchende Arbeit in der Jugendsozialarbeit; in: Kutscher, Nadia/Ley, Thomas/Seelmeyer, Udo (Hrsg.): Mediatisierung (in) der Sozialen Arbeit, Baltmannsweiler, S. 94–114.

Engel, Frank/Seelmeyer, Udo (2021): Beratung digital. Zum Stellenwert und Potenzial neuer Angebotsformen, in: Klinische Sozialarbeit 17, S. 4–6.

Hagendorff, Thilo (2020): Virtualität und die Veränderung von Wahrnehmungs- und Handlungskontexten, in: Kutscher, Nadia/Ley, Thomas/Seelmeyer, Udo et al. (Hrsg.): Handbuch Soziale Arbeit und Digitalisierung, Weinheim/Basel, S. 201–214.

Iske, Stefan/Kutscher, Nadia (2020): Digitale Ungleichheiten im Kontext Sozialer Arbeit, in: Kutscher, Nadia/Ley, Thomas/Seelmeyer, Udo et al. (Hrsg.): Handbuch Soziale Arbeit und Digitalisierung, Weinheim/Basel, S. 115–128.

Kaminsky, Carmen (2021): Digitale Transformation Sozialer Arbeit? – Ethische Orientierungen auf neuem Terrain, in: Ethik Journal Ausgabe 7, S. 1–21.

Kutscher, Nadia (2020): Ethische Fragen im Kontext der Digitalisierung der Sozialen Arbeit, in: Kaminsky, Carmen/Seelmeyer, Udo/Siebert, Scarlet et al. (Hrsg.): Digitale Technologien zwischen Lenkung und Selbstermächtigung. Interdisziplinäre Perspektiven, Weinheim/Basel, S. 76–91.

Kutscher, Nadia/Ley, Thomas/Seelmeyer, Udo (Hrsg.) (2015). Mediatisierung (in) der Sozialen Arbeit, Baltmannsweiler.

Ley, Thomas/Seelmeyer, Udo (2021). Informationstechnologien in der vorbeugenden Sozialpolitik – Bestandsaufnahme, Funktionen und Perspektiven, in: Klammer, Ute/Brettschneider, Antonio (Hrsg.): Vorbeugende Sozialpolitik. Ergebnisse und Impulse, Frankfurt a.M., S. 212–219.

Pudelko, Thomas/Richter, Claus (2020). Informationelle Selbstbestimmung, Datenschutz und der institutionelle Auftrag der Sozialen Arbeit in Zeiten der Digitalisierung, in: Kutscher, Nadia/Ley, Thomas/Seelmeyer, Udo et al. (Hrsg.): Handbuch Soziale Arbeit und Digitalisierung, Weinheim/Basel, S. 414–427.

Rehme, Nina/Seelmeyer, Udo (2023): Einsatz digitaler Technologien in der Kinder- und Jugendhilfe, https://www.digitalejugendhilfe.de/fileadmin/uploads/user_upload/Publikationen/Webseite_Einsatz_digitaler_Technologien_in_der_KJH_Rehme_Seelmeyer.pdf (19. Dezember 2023).

Sander, Uwe/von Gross, Friederike/Hugger, Uwe (Hrsg.) (2022): Handbuch Medienpädagogik, Wiesbaden.

Schiffhauer, Birte (2020): Assistive Technologien in der Sozialen Arbeit, in: Kutscher, Nadia/Ley, Thomas/Seelmeyer, Udo et al. (Hrsg): Handbuch Soziale Arbeit und Digitalisierung, Weinheim/Basel, S. 265–275.

Seelmeyer, Udo (2019): Soziale Arbeit und ihre Doppelrolle in der digitalen Transformation, in: Sozialmagazin 3, S. 58–64.

Seelmeyer, Udo/Waag, Philipp (2020): Hybridisierung personenbezogener sozialer Dienstleistungen, in: Kutscher, Nadia/Ley, Thomas/Seelmeyer, Udo et al. (Hrsg.): Handbuch Soziale Arbeit und Digitalisierung,, Weinheim/Basel, S. 180–189.

Siebert, Scarlet (2020): Soziale Roboter in der Sozialen Arbeit, in: Kutscher, Nadia/Ley, Thomas/Seelmeyer, Udo et al. (Hrsg.): Handbuch Soziale Arbeit und Digitalisierung, Weinheim/Basel, S. 276–288.

Siller, Friederike/Tillmann, Angela/Zorn, Isabel (2020): Medienkompetenz und medienpädagogische Kompetenz in der Sozialen Arbeit, in: Kutscher, Nadia/Ley, Thomas/Seelmeyer, Udo et al. (Hrsg.): Handbuch Soziale Arbeit und Digitalisierung, Weinheim/Basel, S. 315–332.

Tillmann, Angela (2020): Veränderte Lebenswelten im Zuge gesellschaftlicher Digitalisierungsprozesse, in: Kutscher, Nadia/Ley, Thomas/Seelmeyer, Udo et al. (Hrsg.): Handbuch Soziale Arbeit und Digitalisierung, Weinheim/Basel, S. 89–100.

Waag, Philipp/Schiffhauer, Birte/Seelmeyer, Udo (2020): Chatbots in der Beratung, in: Ernst, Gerhard/Zühlke-Robinet, Klaus/Finking, Gerhard et al. (Hrsg.): Digitale Transformation. Arbeit in Dienstleistungssystemen, Baden-Baden, S. 181–192.

Wagner, Daniel (2018): Soziale Medien: Brücke in die digitale Welt von Stakeholdern und Klienten?, in: Helmut Kreidenweis (Hrsg.): Digitaler Wandel in der Sozialwirtschaft. Grundlagen – Strategien – Praxis, Baden-Baden, S. 205–214.

Wenzel, Joachim (2019): Chancen der Digitalisierung in der Beratung, in: Rietmann, Stephan/Sawatzki, Maik/Berg, Matthias (Hrsg.): Digitalisierung und Beratung. Zwischen Bewahrung und Befähigung?, Wiesbaden, S. 217–227.

Sina Maria Nietz

Phänomenübergreifende Extremismusprävention – Ansätze für die Jugendhilfe

In diesem Beitrag werden zunächst phänomenübergreifende Merkmale von Radikalisierung und Extremismus dargestellt, um dann Chancen, Herausforderungen und Grenzen phänomenübergreifender Präventionsarbeit in der Jugendhilfe zu erörtern. Anhand von drei Projekten werden Erfahrungen aus der Praxis beleuchtet.

Menschen- und demokratiefeindliche Einstellungen nehmen in Deutschland tendenziell zu (Zick et al. 2023, Decker et al. 2022, 12). Studien verweisen auf phänomenübergreifende Risiken, die die Hinwendung zu politisch- oder religiös-extremistischen Ideologien und Bewegungen begünstigen. Dies spiegelt sich verstärkt auch in der Praxis wider, in Form von Präventionsarbeit, die unabhängig von konkreten ideologischen Ausprägungen auf eine Sensibilisierung und Stärkung von Jugendlichen und jungen Erwachsenen gegen antidemokratische, antipluralistische und gewaltbefördernde Ideologien abzielt.

Um Möglichkeiten, Herausforderungen und Grenzen phänomenübergreifender Prävention aufzeigen zu können, sollen im Folgenden zentrale Erkenntnisse des wissenschaftlichen Diskurses zusammengefasst und durch Einblicke in die Praxis vertieft werden.

Der aktuelle Diskurs um phänomenübergreifende Prävention

Viele Jahre herrschte im wissenschaftlichen und öffentlichen Diskurs ein statisches Verständnis von Extremismus vor, welches auf der Idee einer genuin nicht extremistischen Mitte und zwei extremistischer Pole („rechts" und „links") basiert (vgl. Salzborn 2020, 8). Die Kritik an jenem Extremismuskonzept lautet zum einen, dass es die Differenzen zwischen Links- und Rechtsextremismus nicht erfasse, zum anderen, dass es empirisch unzulänglich sei. Denn es ist

> „in der empirischen Praxis nicht dazu in der Lage [..], Rechtsextremismus als solchen zu erkennen, weil es Radikalisierungsprozesse (aus und in der Mitte der Gesellschaft), die jenseits von starren organisatorischen Strukturen erfolgen, nicht erfasst" (ebd., 7).

Das oftmals statische Etikett „phänomenspezifischer Extremismus", das entsprechenden Personen und Gruppen zugewiesen wird, geht mit der Gefahr einer, die Wandelbarkeit entsprechender Phänomene sowie soziale Dynamiken innerhalb einer demokratischen Gesellschaft zu verkennen (vgl. ebd., 8).

Phänomenübergreifende Ansätze der Präventionsarbeit setzen an Erkenntnissen zu den Ursachen und begünstigenden Faktoren von Radikalisierungsprozessen an und zielen auf die Förderung von demokratischen Werten sowie die Vermittlung von Kompetenzen, die für pluralistische Gesellschaften erforderlich sind. Zugleich stärken sie Jugendliche im Umgang mit individuellen und gesellschaftlichen Krisen und Konflikten, die die Hinwendung zu extremistischen Ideologien als Bewältigungsstrategien attraktiv machen können.

Im wissenschaftlichen Diskurs wird insbesondere auf zwei Aspekte phänomenübergreifender Präventionsarbeit verwiesen, die als potenzielle Vorteile gegenüber explizit phänomenbezogenen Ansätzen gewertet werden: Zum einen werden Stigmatisierungseffekte vermieden, die mit der impliziten Festlegung auf bestimmte Zielgruppen (zum Beispiel „muslimische Jugendliche") einhergehen. Zum anderen besteht die Möglichkeit, Phänomene der Koradikalisierung zu berücksichtigen, also der wechselseitigen Verstärkung insbesondere von rechtsextremen und islamistischen Akteuren. Der Begriff der Koradikalisierung, auch „mutual radicalization" (Moghaddam 2018), hat sich insbesondere im Zusammenhang von Rechtsextremismus und Islamismus etabliert und weist auf die wechselseitige Bedingtheit dieser beiden Phänomene hin. So berufen sich islamistische Strömungen immer wieder auf einen globalen, antimuslimischen „Kreuzzug" und gesellschaftliche Diskriminierungserfahrungen im Zuge eines „Krieges gegen den Islam". Rechtsextremistische Taten werden hingegen mit einer angeblichen „Islamisierung" westlicher Gesellschaften legitimiert.

Sina Marie Nietz ist Dozentin beim Bundesamt für Familie und zivilgesellschaftliche Aufgaben. Sie promoviert und lehrt an der Pädagogischen Hochschule Ludwigsburg im Bereich Politikwissenschaft. E-Mail: sina.nietz@lehrb. ph-ludwigsburg.de

Auffallend in diesem Kontext ist beispielsweise, dass sich in einer bemerkenswert großen Zahl von Fällen die Nährböden von Rechtsextremismus und islamistisch motiviertem Extremismus geografisch überschneiden und somit einen Hinweis auf gegenseitige Radikalisierungsprozesse geben (vgl. Ebner 2017). Entsprechende Radikalisierungs- und Koradikalisierungsprozesse können als Radikalisierungsspirale dargestellt werden, welche zunehmend feindselige Abgrenzungen entsprechender Gruppen gegenüber den Feindbildern, aber auch gegenüber pluralistischen und demokratischen Werten zur Folge hat.

Phänomenübergreifende Merkmale von Radikalisierung und Extremismus

Ob sich Personen einer extremistischen Szene zuwenden und sich in ihren Einstellungen und Handlungen radikalisieren, ist von verschiedenen Push- und Pull-Faktoren abhängig. Unter Push-Faktoren werden beispielsweise ein individueller oder gruppenbezogener Bedeutungsverlust, gesellschaftliche Narrative, persönliche Identitätskrisen, Diskriminierungs-, Deprivations- und Krisenerfahrungen, aber auch politische, soziokulturelle und sozioökonomische Ängste sowie Marginalisierungen gezählt.

Als biografische Gemeinsamkeit von Individuen, die sich extremistischen Szenen anschließen, beschreiben Freiheit et al. (2021, 248) Erfahrungen mit familiären Konflikten und instabilen sozialen Bindungen. Des Weiteren sind Defizit- und Nichtzugehörigkeitserfahrungen, beispielsweise in Bildungseinrichtungen oder dem beruflichen Umfeld, für Radikalisierungsprozesse prägend. Im rechtsextremistischen Kontext spielt außerdem das Empfinden, durch eine erhöhte Aufmerksamkeit der Politik oder Gesellschaft für Migrationsfragen selbst vergessen und benachteiligt zu werden, eine Rolle. Im Kontext von islamistischem Extremismus betont die Forschung insbesondere die Bedeutung von herkunfts- und religionsbezogenen Diskriminierungserfahrungen. Dabei handelt es sich auch um Diskriminierungserfahrungen, die durch institutionalisierten Rassismus hervorgerufen werden.

Extremistische Ideologien und Bewegungen bieten vermeintliche Sicherheit, Gruppenzugehörigkeit, Selbstwirksamkeitserfahrungen und Anerkennung, aber auch Abenteuer und Gemeinschaft. Dies können mögliche Pull-Faktoren sein (vgl. Pickel et al. 2021, 6).

Gruppen, die für radikale Einstellungen stehen und mit gesellschaftlichen Werten und Normen brechen, versprechen ein „Wir-Denken", wodurch die Gruppenzugehörigen ein Gefühl der Kontrolle zurückerlangen. Insbesondere in Zeiten individueller oder auch gesellschaftlicher Krisen, die ein hohes Maß an Verunsicherung auslösen, kann die Hinwendung zu extremistischen Ideologien eine Bewältigungsstrategie darstellen. Wenn bestehende Deutungsmuster nicht ausreichen, um auf akute Krisen zu reagieren, kann die Herausbildung neuer, extremer Deutungsmuster Abhilfe verschaffen (vgl. Wilner/Dubouloz 2011, 423).

Außerdem haben extremistische Gruppen die digitalen Möglichkeiten sozialer Plattformen für die Rekrutierung und Verbreitung ihrer Ideologien erkannt. Extremistische Gruppen nutzen vor allem die Interaktivität von Sozialen Medien und rufen zur Teilnahme durch das Kommentieren und Teilen von Inhalten auf. Aus dem rechtsextremen Milieu haben es beispielsweise Akteure der Identitären Bewegung (IB) durch öffentlichkeitswirksame Aktionen und deren Inszenierung in Sozialen Medien zu einer beachtlichen Reichweite geschafft. Im islamistischen Spektrum hingegen sind beispielsweise

Akteure aus dem Umfeld der in Deutschland verbotenen Hizb ut-Tahrir wie *Realität Islam* und *Generation Islam* in den Sozialen Medien aktiv und nutzen diese zur Mobilisierung.[1]

Um liberale und demokratische Werte verteidigen zu können, ist es nach Moghaddam gerade für die Konzeption von Bildungs- und Präventionsangeboten entscheidend, die phänomenübergreifenden Gemeinsamkeiten von Extremismen zu kennen. Diese sollen im Folgenden kurz umrissen werden.

Wechselwirkungen und Brückennarrative

Radikalisierung vollzieht sich in der Regel in Abgrenzung von einem Widerpart, einem Feindbild, welches Orientierung und Legitimation für die eigenen Werte, Ziele und Handlungen bietet. Entsprechende Feinde gilt es zu bekämpfen. Extremistische Ideologien basieren unabhängig von der konkreten politischen oder religiösen Ausrichtung auf einer hierarchischen Vorstellung von Gesellschaft. Diese hierarchische Ordnung ist von Ungleichheit und Ungleichwertigkeit geprägt, die als Legitimation für die Abwertung bestimmter Gruppen und Personen dienen.

Die den Feindbildkonstruktionen zugrundeliegenden Mechanismen sind phänomenübergreifend nahezu identisch. Während zentrale Feindbilder des Rechtsextremismus „Ausländer/innen", „Linke", Geflüchtete und Muslim/innen bzw. „der Islam" sind, zählen im islamistischen Extremismus als wichtigste Feindbilder „der Westen", „Ungläubige", aber auch diejenigen Muslim/innen, die ihren Glauben nicht nach der islamistischen Lesart verstehen und praktizieren. Durch die Konstruktion von Feindbildern werden Sündenböcke gefunden, die für alles Übel dieser Welt verantwortlich gemacht werden. So wird die Komplexität sozialer Herausforderungen reduziert und eine konstruktive Suche nach Lösungen für gesellschaftliche oder politische Herausforderungen verhindert. Dabei kommen Narrative zum Einsatz, die phänomenübergreifend beobachtet werden können, sogenannte „Brückennarrative" (vgl. Meiering et al. 2018). Dazu zählen beispielsweise antisemitische Narrative, die häufig in Form von Verschwörungserzählungen verbreitet werden und zu einem Anstieg antisemitischer Straftaten führen (vgl. BMI 2017).

Eine weitere wichtige inhaltliche Brücke zwischen den verschiedenen Extremismen bildet der Antifeminismus. Feindbilder in diesem Zusammenhang können beispielsweise feministische Bewegungen, nonbinäre Geschlechterverständnisse, emanzipatorische Errungenschaften oder geschlechtergerechte Sprache sein. Neuere Formen des Antifeminismus sehen „Männlichkeit" in einer Krise und Männer durch einen organisierten Staatsfeminismus bedroht (Kemper 2014, 61). Zugleich wird häufig ein traditionalisti-

---

1 https://www.ufuq.de/aktuelles/generation-islam-und-online-islamismus-interview-mit-pierre-asisi/ (27. November 2022).

sches Rollenverständnis propagiert, welches die Frau in erster Linie als Mutter und als Schoß der Nation versteht.

Sowohl rechtsextreme als auch extremistisch islamistische Bewegungen sind autoritär und antidemokratisch. Sie greifen Moderate und Liberale sowie die Idee einer pluralistischen, offenen Gesellschaft an und befürworten regressive Geschlechterrollen (vgl. Moghaddam 2018, 104).

Im Folgenden sollen anhand ausgewählter Modellprojekte Erfahrungen aus der Praxis mit phänomenübergreifender Arbeit vorgestellt werden.

Erfahrungen aus der Praxis

Präventionsarbeit wird zumeist in drei Bereiche unterteilt: die universelle, die selektive sowie die indizierte Prävention. Die *Universelle Prävention* zielt auf die Vermittlung von Wissen über extremistische Ideologien und deren Mobilisierungsstrategien sowie auf die Stärkung pluralistischer Werte und die Förderung von Resilienz. Universelle Präventionsmaßnahmen, die phänomenübergreifend arbeiten, setzen häufig an der Stärkung sozialer Kompetenzen und der Förderung demokratischer Werte an und versuchen zugleich Vorurteile, Einstellungen gruppenbezogener Menschenfeindlichkeit und Verschwörungstheorien zu reflektieren und letztlich abzubauen. Angebote, die Handlungskompetenzen vermitteln wollen, setzen sich durch aktive Mediennutzung und Partizipation mit extremistischen Argumentationsweisen, rhetorischen Stilmitteln, der Konstruktion von Feindbildern oder der Verbreitung von Desinformation in den Sozialen Medien auseinander. In diesem Zusammenhang sind zunehmend auch medienpädagogische Angebote verbreitet. Dabei ist eine partizipative Gestaltung üblich, die Diskussionen, Übungen und Methoden miteinander verbindet. Es lassen sich in der phänomenübergreifenden Extremismusprävention aber auch sport-, erlebnis-, theater- und musikpädagogische Angebote finden (vgl. Milbradt et al. 2019, 170).

Projekte und Maßnahmen, die im Bereich der *selektiven Prävention* phänomenübergreifend arbeiten, wenden sich an Zielgruppen, denen aufgrund sozioökonomischer, soziokultureller oder anderer Merkmale ein erhöhtes Risiko für die Zuwendung zu extremistischen Gruppen zugesprochen wird. Auch in diesem Bereich werden häufig Gesprächsworkshops, Veranstaltungen oder Projekttage mit Schulklassen durchgeführt, um demokratische Partizipation und Identifikation sowie soziale Kompetenzen wie Ambiguitätstoleranz zu fördern. Es kommen aber auch verstärkt Fachberatungen und Informationsveranstaltungen, beispielsweise mit Aussteiger/innen aus rechtsextremen oder neo-salafistischen Szenen, an Schulen zum Einsatz. Für das Gelingen selektiver Prävention, die phänomenübergreifend wirksam werden möchte, sind eine akzeptierende Grundhaltung und ein wertschätzender Umgang mit den Teilnehmenden essenziell. Auf dieser Grundlage können mit den Teilnehmenden alternative Perspektiven und Deutungsmuster erarbeitet werden. So können bereits bestehende ideologische Weltbilder und Einstellungen kritisch hinterfragt werden (Glaser et al. 2020, 472).

Indizierte Prävention nimmt in erster Linie Menschen in den Blick, bei denen bereits extremistische Tendenzen erkennbar sind. Im Bereich der indizierten Prävention lassen sich daher auch einzelfallorientierte Hilfsangebote oder Trainingsformate finden, die sich nicht an Gruppen wenden. Dabei unterscheiden sich phänomenübergreifende und phänomenspezifische Ansätze in diesem Bereich hinsichtlich ihrer Formate und Methoden kaum voneinander.

Im Folgenden sollen drei Projekte, die phänomenübergreifend arbeiten, vorgestellt werden.

PHÄNO_Cultures

Ein Modellprojekt, welches phänomenübergreifend im Feld der universellen Prävention arbeitet, ist das Projekt *PHÄNO*_Cultures (vgl. Castein/Köttig 2021; Groß/Jäger 2020). Dieses wurde von 2018 bis 2020 bundesweit von dem Verein *cultures interactive e.V.* in Zusammenarbeit mit Schulen und Jugendfreizeiteinrichtungen durchgeführt. Dabei kommen Methoden jugendkultureller politischer Bildung zum Einsatz, um phänomenübergreifende Radikalisierungstendenzen in den Blick zu nehmen.

Die Hauptziele des Projektes sind die Stärkung demokratischer und menschenrechtlicher Haltungen bei Jugendlichen sowie die Unterstützung gesellschaftlicher Integration von muslimisch geprägten Mädchen mithilfe mädchenspezifischer Formate. Ein großer Teil von *PHÄNO*_Cultures umfasste Schulprojekttage für Schulklassen in sieben Bundesländern (zwischen 2018 und 2020 fanden 27 teilweise mehrtägige Projekttage statt). Im Rahmen der Projekttage kamen vielfältige Workshopangebote (bspw. Graffiti, Hip-Hop, Rap, Skateboarding, Parcours) zum Einsatz. Je nach Gruppenkonstitution und Workshopangebot wurden insbesondere die Themen Antisemitismus, Antimuslimischer Rassismus, Rassismus gegenüber Sinte/zza und Rom/nja, Homophobie, Mobbing, Gewalt, Drogen und Kriminalität thematisiert. Für die Arbeit mit Schulklassen wurden pädagogische Teams zusammengestellt, die in den neu entwickelten Methoden fortgebildet wurden. So sollten die Akteur/innen in ihren Fähigkeiten, rassismuskritisch, diversitäts- und religionssensibel zu arbeiten, gestärkt werden.

ExPO: Extremismus Prävention Online

Das seit 2020 durch „Demokratie leben!" geförderte Modellprojekt ExPo[2] arbeitet phänomenübergreifend zu den Themen Rassismus, Rechtsradikalismus und Islamismus. Das Projekt informiert über extremistische Erscheinungsformen und Strömungen mit-

---

2 https://www.demokratie-leben.de/projekte-expertise/projekte-finden-1/projektdetails/expo-extremismus-praevention-online-366 (19. Dezember 2023).

hilfe von Workshops, Podcasts, Videos und weiteren Onlineformaten und erarbeitet Präventionskonzepte, die in Zusammenarbeit mit Kooperationspartner/innen umgesetzt werden. Ziel des Modellprojektes ist es, neue Methoden zu entwickeln, die dazu beitragen, die Radikalisierung Jugendlicher zu verhindern. Dabei liegt der Fokus auf einer zielgruppenübergreifenden politischen Bildung, der Qualifikation von Pädagog/innen sowie der Mitgestaltung des öffentlichen Diskurses. Zielgruppe sind daher Fachkräfte der offenen Kinder- und Jugendarbeit aus Streetwork, stationären Einrichtungen, Schulsozialarbeit und Beratungsstellen.

Die Arbeit basiert auf einer Verschränkung von Online- und Offlineformaten, beispielsweise Seminare und Fortbildungen oder auch Workshops mit Jugendlichen in Schulen, Jugendzentren und anderen Einrichtungen. Im Rahmen von Probeworkshops wird der Bedarf von Fachkräften ermittelt. Zudem wird ein Überblick über bereits bestehende Angebote der Radikalisierungsprävention erstellt. Auf einer Onlineplattform stellt das Modellprojekt Fachliteratur sowie Arbeits- und Lernmaterialien öffentlich zur Verfügung. Aufbauend auf den so gewonnenen Erkenntnissen werden modulare Fortbildungsangebote entwickelt und erprobt.

DEXT-Fachstellen

Phänomenübergreifende Arbeit stellt für die Bildungspraxis nicht nur einen sinnvollen Ansatz, sondern ebenso eine Herausforderung dar. Viele Projekte oder Anlaufstellen haben sich auf einen Phänomenbereich spezialisiert und es mangelt an finanziellen, zeitlichen sowie personalen Ressourcen, um weitere Phänomenbereiche abdecken oder um pädagogisches Personal für phänomenübergreifende Ansätze schulen zu können. Im Rahmen der zweiten Förderperiode (2020 bis 2024) des Landesprogramms „Hessen – aktiv für Demokratie und gegen Extremismus" liegt daher ein Schwerpunkt auf der Einrichtung von DEXT-Fachstellen[3] (Demokratieförderung und phänomenübergreifende Extremismusprävention), um die Arbeit sowie die Vernetzung regionaler Akteure und Träger im Bereich der Extremismusprävention zu stärken. Die DEXT-Fachstellen bieten außerdem je nach Problemstellung Verweisberatungen an, sie koordinieren Fort- und Weiterbildungen und fördern kleinere lokale Projekte. Ziel der Arbeit ist es zunächst, auf Grundlage einer örtlichen Bestandserhebung die entsprechenden Bedarfe zu ermitteln, um anschließend möglichst passende Fachtagungen, Informationsveranstaltungen, Workshops sowie Weiterbildungsmaßnahmen im Bereich Extremismus(-prävention) organisieren und koordinieren zu können.

---

3 https://www.darmstadt.de/standort/vielfalt-internationale-beziehungen/vielfalt/dext-demokratiefoerderung-und-extremismuspraevention (19. Dezember 2023).

Chancen, Herausforderungen und Grenzen phänomenübergreifender Ansätze

Ein nicht zu unterschätzendes Potenzial phänomenübergreifender Präventionsarbeit liegt in dem Versuch, Stigmatisierungs- und Diskriminierungsprozessen entgegenzuwirken. Es bedarf keiner Vorannahmen über die Zielgruppe und es besteht die Möglichkeit, leichter einen Zugang zu heterogenen Gruppen zu finden. In der Praxis ist ohnehin häufig unklar, wer an entsprechenden Angeboten teilnehmen wird. Ziel phänomenübergreifender Ansätze ist es daher, den Raum zu geben, offen ins Gespräch miteinander zu kommen.

Darüber hinaus besteht die Möglichkeit, antiliberale, demokratiefeindliche, antisemitische und andere Formen menschenfeindlicher Einstellungen und ihre Verbreitung bis in die Mitte der Gesellschaft zu thematisieren. Dies impliziert auch eine kritische Auseinandersetzung mit latenten und tief verankerten Vorurteilen gegenüber Menschen anderer Herkunft oder Religion, und das nicht nur bei Jugendlichen, sondern auch bei Lehrer/innen und anderen pädagogischen Fachkräften. Außerdem werden die Wechselwirkungen extremistischer Ideologien stärker berücksichtigt.

Jedoch stellt sich beispielsweise die Frage nach den individuellen Erfahrungshintergründen, die eine Radikalisierung bedingen oder begünstigen. So ergeben sich unterschiedliche Anforderungen an Projekte, je nachdem, ob sie mit Jugendlichen arbeiten, die Rassismus ausüben, oder sich an Jugendliche richten, die selbst Erfahrungen mit Rassismus gemacht haben. Es besteht die Gefahr, dass phänomenübergreifende Ansätze entscheidende Spezifika der jeweiligen Phänomene eventuell nicht aufgreifen können, da nur schwer sichergestellt werden kann, dass pädagogische Mitarbeiter/innen in allen Bereichen gleichermaßen geschult sind. Ideologien sind nicht beliebig und daher bedarf es auch einer Berücksichtigung der unterschiedlichen Feindbilder sowie der unterschiedlichen Begründungen für eine Ablehnung von Demokratie, um entsprechend darauf reagieren zu können.

Zahlreiche Träger haben sich in der Vergangenheit auf einen spezifischen Phänomenbereich spezialisiert und es mangelt an Ressourcen, um weitere oder sogar alle extremistischen Phänomenbereiche sinnvoll adressieren und bearbeiten zu können. Daher ist zukünftig der Ausbau von Kooperationen, Vernetzungs- und Beratungsstrukturen zwischen den verschiedenen Trägern erstrebenswert. Auf der Ebene des Monitorings bedarf es weiterhin einer genauen Beobachtung phänomenspezifischer Entwicklungen und Charakteristika extremistischer Gruppen und Ideologien. Auf der Ebene der Bildungspraxis bedarf es hingegen eines stärkeren Ausbaus phänomenübergreifender Ansätze sowie einer stärkeren Orientierung an Konzepten wie der Hasskriminalität oder der gruppenbezogenen Menschenfeindlichkeit. So können klare Ziele, beispielsweise die Vorbeugung und Bekämpfung von Antisemitismus, Rassismus und Antifeminismus, formuliert werden, ohne dass sie einem spezifischen Phänomenbereich zugeordnet werden müssen.

Literatur

BMI – Bundesministerium des Innern (2017): Antisemitismus in Deutschland – Aktuelle Entwicklungen, Berlin.

Castein, Cornelia/Köttig, Michaela (2020): Abschlussbericht der Evaluation des Modellprojekts „Phänomenübergreifende politische (Jugendkultur-)Bildung zur Stärkung menschenrechtlicher und demokratischer Haltungen", https://cultures-interactive.de/de/phaenocultures.html (19. Dezember 2023).

Decker, Oliver/Kiess, Johannes/Heller, Ayline/Brähler, Elmar (2022): Autoritäre Dynamiken in unsicheren Zeiten. Neue Herausforderungen – alte Reaktionen? Leipziger Autoritarismus Studie 2022, Gießen.

Ebner, Julia (2017): Radikalisierungsspirale: Das Wechselspiel zwischen Islamismus und Rechtsradikalismus, in: Wissen schafft Demokratie, Band 2: Schwerpunkt Diskriminierung, Amadeu Antonio Stiftung 2017, S. 148–159.

Freiheit, Manuel/Uhl, Andreas/Zick, Andreas (2021): Phänomenübergreifende Radikalisierungsprävention – Perspektiven aus Praxis und Forschung, in: Radikalisierungsprävention in Deutschland. Mapping und Analyse von Präventions- und Distanzierungsprojekten im Umgang mit islamistischer Radikalisierung, hrsg. von MAPEX-Forschungsverbund, Osnabrück/Bielefeld, S. 223–266.

Glaser, Michaela/Müller, Jochen/Taubert, André (2020): Selektive Extremismusprävention aus pädagogischer Perspektive. Zielgruppen, Handlungsfelder, Akteure und Ansätze, in: Slama, Brahim Ben/Kemmesies, Uwe (Hrsg.): Handbuch Extremismusprävention. Gesamtgesellschaftlich. Phänomenübergreifend, Wiesbaden, S. 471–502.

Groß, Anna/Jäger, Marie (2020): Politische Bildung und phänomenübergreifende Radikalisierungsprävention, in: Archiv für Wissenschaft und Praxis der Sozialen Arbeit, Heft 2: Soziale Arbeit und Rechtsextremismus, S. 72–76.

Kemper, Andreas (2014): Keimzelle der Nation – Teil 2. Wie sich in Europa Parteien und Bewegungen für konservative Familienwerte, gegen Toleranz und Vielfalt und gegen eine progressive Geschlechterpolitik radikalisieren, Berlin.

Meiering, David/Dziri, Aziz/Foroutan, Naika/Teune, Simon/Lehnert, Esther/Abou-Taam, Marwan (2018): Brückennarrative – Verbindende Elemente in der Radikalisierung von Gruppen, PRIF Report, 7/2018, Report-Reihe Gesellschaft Extrem.

Milbradt, Björn/Schau, Katja/Greuel, Frank (2019): (Sozial-)Pädagogische Praxis im Handlungsfeld Radikalisierungsprävention – Handlungslogik, Präventionsstufen und Ansätze, in: Heinzelmann, Claudia/Marks, Erich (Hrsg.): Prävention & Demokratieförderung. Gutachterliche Stellungnahmen zum 24. Deutschen Präventionstag, Mönchengladbach, S. 141–179.

Moghaddam, Fathali M. (2018): Mutual radicalization: How groups and nations drive each other to extremes, American Psychological Association.

Pickel, Susanne/Öztürk, Cemal/Celik, Kazim/Pickel, Gert/Schneider, Verena/Decker, Oliver (2021): Elemente und Rahmenbedingungen der (Co-)Radikalisierung. Befunde erster Analysen und Erkundungen des Forschungsfeldes, RIRA Working Paper Series 01a-2021.

Salzborn, Samuel (2020): Extremismus und/oder Demokratie?! Zur Kritik des Extremismuskonzepts, in: Politische Bildung als Extremismusprävention? POLIS 4/2020.

Wilner, Alex S./Dubouloz, Claire-Jehanne (2011): Transformative Radicalization: Applying Learning Theory to Islamist Radicalization, in: Studies in Conflict & Terrorism, 34:5, S. 418–438.

Zick, Andreas/Küpper, Beate/Mokros, Nico (2023): Die distanzierte Mitte. Rechtsextreme und demokratiegefährdende Einstellungen in Deutschland 2022/23, Bonn.

Melanie Groß

Intersektionale Mädchenarbeit und Intersektionale Soziale Arbeit – Herausforderungen und Ausblicke[1]

In dem vorliegenden Text möchte ich die Herausforderungen, die sich heute an Mädchenarbeit stellen, benennen und der Frage nachgehen, ob und in welcher Form Prinzipien der Mädchenarbeit heute noch Gültigkeit haben. Zur Beantwortung dieser Frage werde ich kurz die Prinzipien Betroffenheit und Parteilichkeit der Mädchenarbeit mit aktuellen Herausforderungen konfrontieren, um dann Perspektiven aufzuzeigen, die sich aus intersektionalen Zugängen zu Mädchenarbeit ergeben können.

Herausforderungen

Die Mädchenarbeit gehört zu den pädagogischen Angeboten, die aus der Landschaft der Kinder- und Jugendhilfe nicht mehr wegzudenken sind. Als inzwischen etabliertes Handlungsfeld hat sie sich Ende der 1970er-Jahre und in den 1980er-Jahren im Kontext der Frauenprojektebewegung in Abgrenzung zur als männlich dominiert geltenden Jugendarbeit entwickelt und eigene Prinzipien für die pädagogische Arbeit mit Mädchen und jungen Frauen definiert, die eng mit den Zielen und Werten der Zweiten Frauenbewegung verbunden sind und waren (vgl. Wallner 2013). Die Prinzipien der Mädchenarbeit wie Betroffenheit, Parteilichkeit, Autonomie, Ressourcenorientierung und Geschlechtshomogenität gelten als emanzipatorisch-feministische Leitorientierungen, die Mädchen und junge Frauen dabei unterstützen sollen, ein selbstbestimmtes Leben jenseits männlicher Begrenzung sowie Be- und Abwertung zu ermöglichen und damit einen Beitrag zur Beendigung patriarchaler gesellschaftlicher Strukturen zu leisten.

Vor dem Hintergrund der Weiterentwicklung feministischer Debatten und Theoretisierungen sowie dem Erstarken weiterer emanzipatorischer Bewegungen sind feministische Soziale Arbeit und Mädchenarbeit stets herausgefordert, ihre Perspektiven zu erweitern. Vor allem zwei Entwicklungen fordern sie dabei auf besondere Weise heraus, weil sie geeignet sind, die Prinzipien der Mädchenarbeit auf derart radikale Weise infrage zu stellen, dass die Perspektive eines emanzipatorisch-feministischen Ziels von Mädchenarbeit unerfüllbar zu sein scheint: Erstens sind das theoretische Weiterentwicklungen im Kontext des Sozialkonstruktivismus, des Poststrukturalismus und der Postcolonial Studies, die die Vorstellung eines Kollektivsubjekts „Frau" infrage stellen. Durch die Herausarbeitung von Intersektionalitäten wird insgesamt die Fokussierung

---

1 Erstveröffentlicht in: Betrifft Mädchen 3/2021, S. 121–125.

auf einzelne Differenzkategorien wie etwa Geschlecht, Herkunft oder Klasse als problematisch bezeichnet und dafür plädiert, die Wechselwirkungen zwischen den Differenzkategorien stärker und konsequenter zu berücksichtigen. Zweitens sind das soziale Wandlungsprozesse wie die Einführung der sog. „Ehe für Alle" und die Einführung der sogenannten „Dritten Option" im Personenstandsrecht, die zu einer zumindest partiellen Relativierung von Zweigeschlechtlichkeit und Heteronormativität geführt haben (vgl. Groß 2021). Diese Entwicklungen haben inzwischen zu theoretischen und handlungspraktischen Weiterentwicklungen in der (queeren und feministischen) Sozialen Arbeit geführt, die zunehmend die Vielfalt von Mädchen-Sein in den Blick nehmen.

Gleichzeitig erleben wir heute ähnlich wie in der Zeit der Entstehung der Mädchenarbeit ein gesellschaftliches Klima, in dem Mädchen nach wie vor sexistischen Anrufungen und Gewalt ausgesetzt werden, in denen geschlechtsstereotype und heterosexistische Normierungen für Sozialisationsprozesse hoch relevant sind und in dem nach wie vor Mädchen und Frauen Care-Tätigkeiten zugewiesen werden sowie Ansprüche auf gleichberechtigte Teilhabe an Macht und Kapital nach wie vor uneingelöst bleiben. Mehr noch: Das Erstarken rechter Denkweisen und Strömungen hat einen misogynen und antifeministischen Diskurs bis tief in die Mitte der Gesellschaft weiter etabliert.

Prof. Dr. Melanie Groß
ist Professorin für Jugendarbeit an der Fachhochschule Kiel. E-Mail: melanie.gross@fh-kiel.de

Wir befinden uns also in einem Spannungsfeld, in dem queer-feministische herrschaftskritische Positionen notwendig bleiben und gleichzeitig die solidarische Versammlung unter den Begriffen Frauen und Mädchen immer prekärer wird.

Die Prinzipien Betroffenheit und Parteilichkeit

Dieses Spannungsfeld wird deutlich, wenn man die Prinzipien der Mädchenarbeit erneut auf ihre Gültigkeit befragt. Mit dem Prinzip der Betroffenheit fasst die Mädchenarbeit die gemeinsame Betroffenheit der Fachkraft und der Nutzerin von (hetero-)sexistischen gesellschaftlichen Strukturen und Gewaltverhältnissen. Aus dieser gemeinsamen Betroffenheit bezieht sie ihr solidarisches Selbstverständnis der Fachkraft mit der Nutzerin, in dem die Fachkraft parteilich für die Bedürfnisse und Interessen der Nutzerin auf sozialpolitischer Ebene sowie auf pädagogischer Interaktionsebene agiert. Zudem verweist das Prinzip der gemeinsamen Betroffenheit auf die Idee, dass die Fachkraft sich selbst als Identifizierungsangebot mit Vorbildcharakter anbietet – die Pädagogin kann den Mädchen zum einen von den gesellschaftlichen Normen abweichende Formen von Weiblichkeit zur Identifizierung anbieten und zum anderen Bewältigungsstrategien vorleben, die sie selbst im Umgang mit diesen gesellschaftlichen Normen, aber auch Strukturen entwickelt hat.

Die diesen Prinzipien innewohnenden Grundannahmen sind theoretisch wie empirisch brüchig geworden (vgl. u.a. dazu bereits ausführlich Plößer 2005). Mädchen und Frauen sind als intersektional positionierte Subjekte durch verschiedene Macht- und Herrschaftsverhältnisse hervorgebracht, was ihre gemeinsame Betroffenheit von Macht- und Herrschaftsverhältnissen infrage stellt. Innerhalb der Gruppe derer, die als Mädchen oder Frauen bezeichnet werden, gibt es sehr unterschiedliche Betroffenheiten von Macht- und Herrschaftsverhältnissen wie zum Beispiel Rassismen, Klassismen, Heterosexismen und darüber hinaus auch davon abgeleitete Privilegien bzw. hierarchische Differenzen, die durch die Postulierung von gemeinsamer Betroffenheit geradezu verschleiert werden.

Dem Prinzip der Betroffenheit geht zudem die Idee einer natürlichen Zweigeschlechtlichkeit voraus, weil davon ausgegangen wird, dass Gewaltverhältnisse, die mit Geschlecht verbunden sind, zulasten von cis-Mädchen und cis-Frauen[2] gehen. Unter der Berücksichtigung von geschlechtlicher Vielfalt muss aber vielmehr davon ausgegangen werden, dass auch die Gewalttätigkeit der Gesellschaft gegen nicht-binäre, trans*- und intergeschlechtliche Menschen, die durch die Konstruktion der heteronormativen Zweigeschlechtlichkeit und „Zwei*körper*geschlechtlichkeit" (Gregor 2021) von Formen geschlechtsspezifischer Gewalt betroffen sind, in der Mädchenarbeit in ihrer weitgehenden Fokussierung auf cis-Mädchen nicht berücksichtigt wird. Es stellt sich die Frage, ob Mädchenarbeit ihren Fokus langfristig erweitert, wie es in Teilen der Praxis der Mädchenarbeit durchaus auch bereits gehandhabt wird, oder ob sie sich lediglich auf einen Teilbereich der Auswirkungen von mit Geschlecht verbundenen Macht- und Herrschaftsverhältnissen fokussieren und beschränken will.

Intersektionale Perspektiven und Herausforderungen

Gerade die Mädchenarbeit hat eine lange Tradition in der Sichtbarmachung von Binnendifferenzen innerhalb der Gruppe derer, die als Mädchen bezeichnet werden. So hat sie schon früh darauf verwiesen, dass die Vielfalt der Mädchen sich gerade dort besonders entfalten kann, wo die Doing-gender-Prozessen innewohnende identitäre Abgrenzungsarbeit gegenüber denjenigen, die als Jungen bezeichnet werden, in sogenannten geschlechtshomogenen Räumen entfällt. Zudem bleiben in diesen Räumen die (hetero-)sexistischen Anrufungen und Bewertungen durch männliche Interaktionspartner aus, was Mädchen in ihrer Emanzipation von diesen Bewertungen unterstützen kann und dadurch auch dazu beigetragen wird, dass Mädchen sich in ihrer Persönlichkeitsentwicklung breiter und auch jenseits geschlechtsstereotyper Begrenzungen entfal-

---

2   Die Vorsilbe „cis" bedeutet, dass die Person sich in Übereinstimmung mit dem bei der Geburt zugewiesenen Geschlecht befindet.

ten können. Impulse antirassistischer Mädchenarbeit haben darüber hinaus früh darauf verwiesen, dass Mädchen von unterschiedlichen Herrschaftsverhältnissen betroffen sind (vgl. Arapi/Lück 2005; Arapi 2013).

Mit dem Paradigmenwechsel in der Geschlechterforschung, intersektionale Wechselwirkungen zwischen Differenzkategorien wie Geschlecht, Herkunft, Alter, Klasse, Sexualität etc. verstärkt in den Blick zu nehmen, ließen sich die Perspektiven der Mädchenarbeit konsequent weiterdenken. Diese Perspektive ermöglicht es, den herrschaftskritischen Impetus von Mädchenarbeit unter aktualisierten Bedingungen, Erkenntnissen und Reflexionen zu stärken. Mit dem auf Kimberlé Crenshaw (1989) zurückgehenden Begriff der Intersektionalität wird gezeigt, dass Differenzkategorien nicht isoliert betrachtet werden können. Es gibt kein Geschlecht ohne Herkunft, keine Klasse ohne Körper und keine Sexualität ohne Alter. Subjekte sind durch mehrere Differenzkategorien gleichzeitig gesellschaftlich positioniert und auf je sehr spezifische Weise von Privilegierung oder Teilhabe betroffen. Dabei können Positionierungen sich durch die Wechselwirkungen von Differenzkategorien verändern, verstärken oder auch relativieren.

Nach Winker und Degele (2009) ist die Anzahl der Differenzkategorien grundsätzlich unbegrenzt, aber insbesondere vier Differenzkategorien entscheiden ihrem Ansatz nach über Teilhabe und Ausschluss auf der strukturellen Ebene unserer kapitalistisch-neoliberalen Gegenwartsgesellschaft: Geschlecht, Klasse, Körper und Race/Herkunft. Winker und Degele differenzieren in ihrem Intersektionalitätsansatz insgesamt drei Ebenen, auf denen die Wechselwirkungen von Differenzkategorien sich zeigen: die Ebene der sozialen Strukturen (v.a. Gesetze, Gender-Pay-Gap etc.), die Ebene der symbolischen Repräsentationen (z.B. Bilder und Normen, wie sie in Medien reproduziert werden) und die Ebene der Identitätskonstruktionen (Konstruktionen der eigenen Identität in Abgrenzung von Anderen). Diese Differenzierung der Ebenen ist für die Analysefähigkeit einer intersektionalen Perspektive besonders hilfreich und kann für die Konzeptionierung innerhalb der Sozialen Arbeit genutzt werden (vgl. Schrader/von Langsdorff 2014). Von den auf struktureller Ebene wirksamen Differenzkategorien leiten Winker und Degele vier zentrale Herrschaftsverhältnisse ab: Heterosexismen, Klassismen, Bodyismen und Rassismen. Diese vier Herrschaftsverhältnisse sind in der Ebene der sozialen Strukturen begründet, wirken aber auf allen drei Ebenen.

Mit dieser Perspektive kann Intersektionalität als Analyseinstrument zur Rekonstruktion gesellschaftlicher Verhältnisse genutzt werden und damit auch die Rekonstruktion der Lebenswelten von Nutzenden ermöglichen.

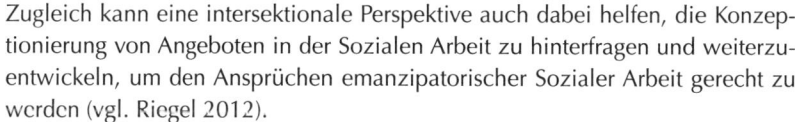

Zugleich kann eine intersektionale Perspektive auch dabei helfen, die Konzeptionierung von Angeboten in der Sozialen Arbeit zu hinterfragen und weiterzuentwickeln, um den Ansprüchen emanzipatorischer Sozialer Arbeit gerecht zu werden (vgl. Riegel 2012).

Intersektionalität als Analyse- und Interventionsstrategie umfasst dreierlei (dazu ausführlich Groß 2014):

Intersektionale Zielgruppenanalyse der konkreten Zielgruppe im Sozialraum, um im Sinne einer Bedarfsanalyse ein Angebot für die Nutzenden entwickeln zu können, das Pauschalisierungen einerseits und Ausgrenzungen andererseits verhindert. Die Analyse der Nutzenden und deren Betroffenheit und Verwobenheit mit Differenzkategorien und Ungleichheitsverhältnissen wäre dafür maßgeblich.

Selbstreflexion der Fachkräfte in Bezug auf eigene Verstrickungen in intersektionale Ungleichheitsverhältnisse.

Interventions- und Handlungskonzepte, also konkrete Strategien der Intervention in intersektionale Ungleichheitsverhältnisse auf den verschiedenen Ebenen Soziale Strukturen, Identitätskonstruktionen und Symbolische Repräsentationen.

Für den Aspekt der Interventions- und Handlungskonzepte kann eine intersektionale Perspektive sich grundlegende Leitfragen stellen:

▢ Welche Identitätskonstruktionen werden in den Einrichtungen und durch das Handeln oder Nicht-Handeln der Fachkräfte ermöglicht oder ausgeschlossen?

▢ Welche Symbolischen Repräsentationen werden in den Einrichtungen und durch die Fachkräfte intendiert oder nicht intendiert eingesetzt und reproduziert?

▢ Welche Sozialen Strukturen werden in der Einrichtung reproduziert und welche Strukturen werden eingesetzt, um Subjektbildungsprozesse zu unterstützen?

Mit diesen Leitfragen kann sich Intersektionale Soziale Arbeit weiterentwickeln, indem auf der Grundlage der benannten vier Herrschaftsverhältnisse und damit korrespondierenden Differenzkategorien erneut die Fragen gestellt werden, welche Identitätskonstruktionen Mädchenarbeit ermöglicht oder ausschließt, welche Angebote auf der symbolischen Repräsentationsebene sie macht (Flyer, Poster, Bücher, Broschüren etc.) und welche sozialen Strukturen sie reproduziert oder infrage stellt.

Auch in der Mädchenarbeit ist das Phänomen bekannt, dass Nutzende und Fachkräfte sich nicht immer automatisch solidarisch miteinander identifizieren und lediglich Betroffene von Herrschaftsverhältnissen sind, sondern dass auch in diesen Räumen heterosexistische, bodyistische, klassistische und rassistische Abgrenzungen untereinander eine Rolle spielen und durch Nutzerinnen und Fachkräfte mitkonstruiert werden. Nutzende und auch Fachkräfte können Betroffene oder Privilegierte von Herrschaftsverhältnissen sein, weshalb eine gemeinsame Reflexion und eine klare Positionierung gegen Ausgrenzungen und Diskriminierungen besonders wichtig sind.

Pädagogische Angebote, die die intersektionalen Verwobenheiten verdeutlichen, können dabei helfen, sich mit diesen Herrschaftsverhältnissen auseinanderzusetzen und gegenseitigen Respekt und die Achtung von Differenz zu fördern.

Fazit und Ausblick

Mädchenarbeit heute ist genauso relevant und notwendig, wie sie es schon in der Zeit ihrer Entstehung gewesen ist, denn ihre Ziele und ihr herrschaftskritischer Impetus sind nach wie vor bedeutsam in der Landschaft der Sozialen Arbeit. Eine dem Selbstverständnis nach und in ihren Konzeptionen sich dezidiert als intersektionale Mädchenarbeit verstehende pädagogische Praxis kann heute viele Impulse, die in der Mädchenarbeit seit Langem bestehen, aufgreifen, muss sie aber meines Erachtens systematisch weiterdenken. Intersektionale Soziale Arbeit kann viele Gesichter haben, viele Schwerpunkte setzen und lokal spezifische Angebote entwickeln – was sie verbindet, ist die Perspektive auf Macht- und Herrschaftsverhältnisse, die mit Geschlecht verbunden sind und die für jugendliches Aufwachsen relevant sind – das ist vieles und sicher nicht unterkomplex.

Dabei wäre die Frage zu stellen, ob die kritische Reflexion von Geschlechter- und Sexualitätsnormen (Heterosexismus) sowie Körpernormen (Bodyismen) auch die Infragestellung einer Norm der Zweikörpergeschlechtlichkeit umfasst und das Angebot der Mädchenarbeit auch für intergeschlechtliche und transgeschlechtliche Jugendliche in Gänze oder durch partielle Angebote weiterentwickelt wird. Leitend für die Weiterentwicklung der Mädchenarbeit könnten entweder die Konkretisierungen der Zielgruppe sein, in dem Sinne, dass formuliert wird, dass Mädchen ist, welche sich als Mädchen identifiziert, oder eine Hinwendung zur Formulierung einer Intersektionalen Jugendarbeit, die nicht mehr Mädchen als Identitätskategorie aufruft, sich aber im Kontext und in der Tradition der Mädchenarbeit versteht. Setzt die erste Perspektive an Identität an und begrenzt diese zugleich, fokussiert die zweite Perspektive das Herrschaftsverhältnis und adressiert alle, die von heteronormativen Geschlechternormen und -stereotypen betroffen sind und marginalisiert werden.

Der Weg der permanenten Infragestellung der eigenen Grundannahmen und Prinzipien vor dem Hintergrund des Zieles, einen Beitrag zu einer herrschaftsfreien Gesellschaft zu leisten und den Nutzenden dafür diskriminierungsfreie Räume zur Entwicklung ihrer Persönlichkeit und ihrer Handlungsfähigkeit zu entwickeln, ist notwendig, manchmal schmerzhaft, lustvoll und ermächtigend.

Literatur

Arapi, Güler (2013): Mädchenarbeit in der Migrationsgesellschaft, in: Betrifft Mädchen, 26 (2), S. 57–64.

Arapi, Güler/Lück, Sabine Mitja (2005): Mädchenarbeit in der Migrationsgesellschaft. Eine Betrachtung aus antirassistischer Perspektive, Bielefeld, http://www.maedchentreff-bielefeld.de/download/girlsactbuchkomplett.pdf (10. April 2017).

Crenshaw, Kimberlé (1989): Demarginalizing the Interaction of Race and Sex: A Black Feminist Critique of Antidiscrimination Doctrine, in: The University of Chicago Legal Forum, S. 139–167.

Gregor, Joris A. (2021): Intergeschlechtlichkeit als Kategorie zur Reflexion von Geschlechtlichkeit in der Sozialen Arbeit, in: Groß, Melanie/Niedenthal, Katrin (Hrsg.): Geschlecht: divers. Die „Dritte Option" im Personenstandsgesetz – Perspektiven für die Soziale Arbeit, Bielefeld, S. 73–90.

Groß, Melanie (2014): Intersektionalität. Reflexionen über theoretische und konzeptionelle Perspektiven für die Jugendarbeit, in: von Langsdorff, Nicole (Hrsg.): Intersektionalität und Jugendhilfe, Berlin/Toronto, S. 170–183.

Groß, Melanie (2021): Die „Dritte Option". Gendertrouble im Gefüge des Sozialen und die Herausforderungen für die Soziale Arbeit, in: Groß, Melanie/Niedenthal, Katrin (Hrsg.): Geschlecht: divers. Die „Dritte Option" im Personenstandsgesetz – Perspektiven für die Soziale Arbeit, Bielefeld, S. 45–60.

Plößer, Melanie (2005): Dekonstruktion ~ Feminismus ~ Pädagogik. Vermittlungsansätze zwischen Theorie und Praxis, Königstein/Taunus.

Riegel, Christine (2012): Intersektionalität in der Sozialen Arbeit, in: Bütow, Birgit/Munsch, Chantal (Hrsg.): Soziale Arbeit und Geschlecht. Herausforderungen jenseits von Universalisierung und Essentialisierung, Münster, S. 40–60.

Schrader, Kathrin/von Langsdorff, Nicole (2014): Im Dickicht der Intersektionalität, Münster.

Wallner, Claudia (2013): „Wie Gender in die Soziale Arbeit kam". Ein Beitrag zur Bedeutung feministischer Mädchenarbeit für die Geschlechterperspektive und zum Verständnis moderner Genderansätze, in: Sabla, Kim-Patrick/Plößer, Melanie (Hrsg.): Gendertheorien und Theorien Sozialer Arbeit. Bezüge, Lücken und Herausforderungen, Opladen/Berlin/Toronto.

Winker, Gabriele/Degele, Nina (2009): Intersektionalität. Zur Analyse sozialer Ungleichheit, Bielefeld.

Aus unserem Verlagsprogramm

Ist Sorgearbeit nichts für Männer?

Eine Erkundung von Elli Scambor und Daniel Holtermann

2023, 64 Seiten, kart.; 11,25 €, für Mitglieder des Deutschen Vereins 9,- €
ISBN 978-3-7841-3605-9

Weshalb arbeiten so wenige Männer in Care-Berufen, wie handeln sie, wenn sie es doch tun, und wie könnte ihr Anteil erhöht werden? Der Band präsentiert das Konzept von Caring Masculinities als alternatives Rollenverständnis und diskutiert seine Umsetzung in der pädagogischen Praxis. Er zeigt klar den Nutzen auf, den eine gerechtere Verteilung von Care-Arbeit auch für Männern selbst hat.

Versandkostenfrei bestellen im Online-Buchshop:
www.verlag.deutscher-verein.de

Deutscher Verein
für öffentliche und
private Fürsorge e.V.

Christine Lohn

Jung. Geflüchtet. Angekommen? Der Auftrag der Kinder- und Jugendhilfe für geflüchtete junge Menschen

In diesem Beitrag wird der Auftrag der Kinder- und Jugendhilfe bei der Unterbringung, Beratung, Begleitung und Bildung geflüchteter junger Menschen erörtert. Das Bundesprogramm Jugendmigrationsdienste wird als Beispiel gelungener Projektförderung des Bundes für eine soziale Infrastruktur vorgestellt. Abschließend werden Forderungen entwickelt, um die Unterstützung junger Geflüchteter vor Ort sicherzustellen.

Junge Menschen, die nach einer Flucht in Deutschland temporär oder dauerhaft leben, brauchen eine soziale Infrastruktur vor Ort, die sie begleitet und fördert, wie, wo und wann es nötig ist. Ein Teil dieser sozialen Infrastruktur wird durch die Kinder- und Jugendhilfe mit ihren individuellen Rechtsansprüchen abgedeckt. Das allein genügt aber nicht, um den Bedarfen dieser jungen Menschen gerecht werden zu können. Bund, Länder und Kommunen sind in der Pflicht, ihnen das gesamte Leistungsspektrum der Kinder- und Jugendhilfe zugänglich zu machen. Dazu müssen neue Wege gefunden werden, die Kosten gerecht auf die föderalen Strukturen zu verteilen. Nur so können die Kommunen auf lange Sicht den stetig wachsenden Herausforderungen gerecht werden. Dazu gehört es, den Trägern für die Umsetzung ihrer Angebote die notwendige Planungssicherheit zu geben.

Junge Geflüchtete und ihre Rechte in der Kinder- und Jugendhilfe

Seit Februar 2022 konzentriert sich der politische und gesellschaftliche Blick auf die Geflüchteten aus der Ukraine und damit auf Menschen, die in Mitteleuropa geboren und aufgewachsen sind. Dabei sind diejenigen aus dem Blick geraten, die aus anderen Regionen der Welt kamen und wieder vermehrt kommen. Auch 2023 war das Hauptherkunftsland von Menschen, die in Deutschland einen Erstantrag auf Asyl stellten, Syrien, gefolgt von Afghanistan, der Türkei und dem Irak (Statista 2023). Im Vergleich zu den jungen Ukrainer/innen ist es für diese Menschen ungleich schwerer, als Geflüchtete anerkannt zu werden und ihre Rechte in Deutschland wahrzunehmen.

Die in der UN-Kinderrechtskonvention verbrieften Rechte stehen jedem Kind bis zur Vollendung des 18. Lebensjahres zu, sobald es sich innerhalb der Hoheitsgewalt eines Vertragsstaates befindet. Deutschland ist gleichzeitig Vertragsstaat des Genfer Abkommens vom 28. Juli 1951 über die Rechtsstellung der Flüchtlinge (Genfer Flüchtlingskonvention) sowie des dazu vereinbarten Protokolls vom 31. Januar 1967. Geflüchtete, die unter dem Schutz der UN-Kinderrechtskonvention stehen, sind damit nach Artikel 23 der Genfer Flüchtlingskonvention in die öffentliche Fürsorge einbezogen. Insoweit wie auch beim Empfang sonstiger Hilfeleistungen sind sie grundsätzlich den Staatsangehörigen des Aufnahmestaates gleichzustellen. Mit Art. 22 der UN-Kinderrechtskonvention wird noch einmal explizit die Anspruchsberechtigung für jedes in das Bundesgebiet eingereiste Kind, „das die Rechtsstellung eines Flüchtlings begehrt oder nach Maßgabe der anzuwendenden Regeln und Verfahren des Völkerrechts oder des innerstaatlichen Rechts als Flüchtling angesehen wird", gesondert definiert. Demnach ist jungen Menschen während und nach der Flucht „angemessener Schutz und humanitäre Hilfe bei der Wahrnehmung der Rechte (…), die in diesem Übereinkommen (…) festgelegt sind", zu gewähren – unabhängig davon, ob sie in Begleitung sorgeberechtigter Erwachsener oder allein im Vertragsstaat angekommen sind. Hilfe zur Rechtswahrnehmung begründet sich in der besonderen Schutzbedürftigkeit minderjähriger Flüchtlinge und ist nicht nur dann notwendig, wenn sie unbegleitet eingereist sind oder wenn es Eltern oder Verwandten aus anderen Gründen nicht möglich ist, die Personensorge wahrzunehmen (bpb 2004).

Damit ist der Status minderjähriger Geflüchteter – nicht nur unbegleiteter – völkerrechtlich abgesichert. Die Transformation von Konventionen in innerdeutsches Recht erfolgt im Rahmen der Sozialgesetzgebung, für junge Menschen bis zur Vollendung des 27. Lebensjahres im Kinder- und Jugendhilferecht (Achtes Buch Sozialgesetzbuch [SGB VIII]). Nicht erst mit dem Kinder- und Jugendstärkungsgesetz (KJSG) hat die Bundesregierung einen rechtebasierten Ansatz in der Kinder- und Jugendhilfe normiert. Die UN-

Christine Lohn,
Master Social Works as a human rights profession, ist Geschäftsführerin der BAG Evangelische Jugendsozialarbeit, Berlin/Stuttgart. E-Mail. lohn@bagejsa.de

Kinderrechtskonvention wurde bereits vorher in Teilen in das SGB VIII eingepflegt. Mit dem KJSG wurde die Umsetzung von Kinderrechten, vor allem der Schutz- und Beteiligungsrechte, verstärkt. Die inklusive Ausrichtung soll darüber hinaus der Umsetzung der UN-Behindertenrechtskonvention Rechnung tragen. Mit Inkrafttreten des KJSG wurde ein erster Schritt zur Entwicklung einer inklusiven Kinder- und Jugendhilfe getan, auch wenn sich dieser als Verwaltungsakt vorerst auf die Zusammenführung der notwendigen Leistungen für junge Menschen mit körperlichen, psychischen oder seelischen Beeinträchtigungen im Verantwortungsbereich der Kinder- und Jugendhilfe beschränkt. Mit der Verankerung der Verbindung zwischen selbstbestimmtem Handeln und gleichberechtigter Teilhabe in § 1 Abs. 3, Nr. 2 SGB VIII wird Inklusion normativ angelegt und die Kinder- und Jugendhilfe beauftragt, die selbstbestimmte Teilhabe aller jungen Menschen zu befördern. Der normative Auftrag geht damit deutlich über rein verwaltungstechnische Leistungen hinaus.

All dies gilt für alle jungen Menschen, die sich in Deutschland aufhalten. Es gibt theoretisch also gute Voraussetzungen dafür, dass auch junge Geflüchtete zu ihrem Recht kommen (können). Unbegleitete minderjährige Ausländer/innen müssen in Einrichtungen der Kinder- und Jugendhilfe untergebracht werden, so das SGB VIII. Sie haben ebenso wie alle anderen jungen Menschen das Recht auf bedarfsgerechte Förderung zur Sicherung eines menschenwürdigen Daseins, um sich zu selbstbestimmten, gemeinschaftsfähigen Persönlichkeiten entwickeln zu können. Das gilt ebenso für jene, die das 18. Lebensjahr bereits vollendet, aber weiterhin Bedarf im Sinne des Kinder- und Jugendhilferechts haben.

Notwendigkeiten einer sozialen Infrastruktur der Kinder- und Jugendhilfe

Junge Menschen mit Fluchterfahrungen brauchen mehr als erzieherische Hilfen, und das Leistungsspektrum der Kinder- und Jugendhilfe bietet auch mehr. Begleitende, auch präventive Infrastrukturangebote der Kinder- und Jugendhilfe können das Leistungsspektrum der stationären Heimerziehung sinnvoll ergänzen. Neben den individuellen Rechtsansprüchen verfügt das Leistungsrecht im SGB VIII auch über Angebote der Jugendarbeit, der Jugendverbandsarbeit, der Jugendsozialarbeit und des erzieherischen Kinder- und Jugendschutzes. Diese Angebote bieten die Unterstützung, Förderung, Bildung und Begleitung für junge Geflüchtete – wenn sie denn, wie es das Gesetz vorschreibt, von den Kommunen bedarfsgerecht vorgehalten werden. Dann sind sie Teil einer sozialen Infrastruktur, die junge Menschen dort abholt, wo sie gerade Hilfe und Unterstützung benötigen.

Besondere Relevanz hat dabei die Jugendsozialarbeit mit ihren aufsuchenden und niedrigschwelligen Angeboten. Damit kann sie all jene erreichen, die besondere Ansätze benötigen, um sich einlassen zu können. Angebote der Jugendsozialarbeit orientieren sich gemäß § 13 SGB VIII an den Problemlagen und damit einhergehenden Bedarfen junger Menschen, „die zum Ausgleich sozialer Benachteiligungen oder zur Überwindung individueller Beeinträchtigungen in erhöhtem Maße auf Unterstützung angewiesen sind". Ihnen „sollen im Rahmen der Jugendhilfe sozialpädagogische Hilfen angeboten werden, die ihre schulische und berufliche Ausbildung, Eingliederung in die Arbeitswelt und ihre soziale Integration fördern".

Soziale Benachteiligungen und individuelle Beeinträchtigungen können temporär und/ oder dauerhaft vorhanden sein – manches kann durch Bearbeitung überwunden, anderes durch verschiedene Einflüsse verstetigt werden. Gerade in urbanen Räumen wird es z.B. immer schwerer, bezahlbaren Wohnraum zu finden. Junge Geflüchtete konkurrieren auf dem Wohnungsmarkt nicht nur mit Menschen, die über deutlich mehr finanzielle Ressourcen verfügen. Sie sind mit nicht deutsch klingenden Namen auch Diskriminierung auf dem Wohnungsmarkt ausgesetzt.

Jungen Geflüchteten fehlen neben gewohnten Kontakten und einem sicheren Ort zum Leben grundlegende Informationen über ihre Rechte in der Aufnahmegesellschaft. Damit sind sie sozial in hohem Maße benachteiligt, unabhängig von ggf. zusätzlich vorhandenen individuellen Beeinträchtigungen. Sie haben einen Bedarf gemäß § 13 SGB VIII und sind Zielgruppe der Jugendsozialarbeit. In Teilen soll dieser Bedarf gedeckt werden durch die Arbeit der durch den Bund geförderten etwa 500 Jugendmigrationsdienste bundesweit. Damit allein ist jedoch keine flächendeckend bedarfsgerechte Infrastruktur möglich. Zudem sind nicht alle jungen Geflüchteten durch dieses Beratungsangebot erreichbar, sowohl mit Blick auf die Erreichbarkeit eines Jugendmigrationsdienstes vor Ort als auch auf die konkrete Umsetzung von Beratung, Bildung und Förderung in diesem Angebot. Es braucht darüber hinaus die niedrigschwelligen Angebote der offenen Jugendarbeit im Sozialraum, der Sozialen Arbeit in Schulen und der Jugendberufshilfe am Übergang von der Schule in Ausbildung und Beruf.

Das Bundesprogramm Jugendmigrationsdienste

Die Arbeit der Jugendmigrationsdienste (JMD) ist bundesweit mehr oder weniger bekannt. Wo es sie gibt, werden die JMD als beständiges Angebot für Beratung, Begleitung und Förderung junger Zugewanderter geschätzt. Unabhängig von der Finanzsituation der Kommune leisten sie verlässlich ihren Dienst und werden überall dort nachgefragt, wo es Expertise für die Lebenslagen junger Menschen mit Migrationserfahrungen braucht. Gleichzeitig ist der Begriff Jugendmigrationsdienst in vielen Kommunen in Deutschland nicht mit Inhalt gefüllt, weil es kein entsprechendes Angebot gibt oder weil die notwendige Arbeit durch andere Dienste geleistet, aber nicht dauerhaft als spezifisches Beratungsangebot abrufbar ist.

Nesir aus Syrien, 22 Jahre alt, seit 2019 in Deutschland, begleitet durch einen JMD in Brandenburg, berichtet in einem Beratungsgespräch:

> „Der Schlüssel meines Erfolges in Deutschland sind die richtigen Informationen, die ich zum richtigen Zeitpunkt erhalten habe. Der JMD der Diakonie war die Stelle, die mir erzählt hatte, dass ich mein Abitur im zweiten Bildungsweg absolvieren konnte. Auch von der START-Stiftung habe ich durch die Diakonie erfahren. Ich als neuer Geflüchteter in Deutschland wusste doch nicht, welche Türen für mich möglich waren, und hätte ich die Informationen nicht erhalten, dann hätte ich definitiv einen sehr schwierigen Bildungsweg gehabt."

Im Programm JMD fördert der Bund seit mehr als 70 Jahren direkt die Arbeit vor Ort. Die JMD arbeiten parallel zu den Migrationsberatungen für Erwachsene (MBE) und fungieren als Teil der Kinder- und Jugendhilfe für junge Zugewanderte. Denn junge Menschen unter 27 Jahren brauchen andere Förderung als Erwachsene, hier ist die Zuständigkeit der Kinder- und Jugendhilfe auch für junge Menschen ohne deutsche Staatsbürgerschaft über das SGB VIII definiert. Diese besondere Situation ergibt sich aus der Tatsache, dass JMD als Angebote der Kinder- und Jugendhilfe zur Erfüllung der Aufgaben des Bundes nach § 45 Aufenthaltsgesetz genutzt werden. Durch migrationsspezifische Hilfen für die Zielgruppe der 12–27-Jährigen sollen die Zugangschancen junger zugewanderter Menschen in die Gesellschaft und insbesondere am Übergang von der Schule in den Beruf verbessert werden.

Durch Integrationsangebote zielt der Kinder- und Jugendplan des Bundes mit dem Programm JMD auf eine Erhöhung der Chancengerechtigkeit und Verbesserung gesellschaftlicher Teilhabe junger Menschen mit Migrationshintergrund. Dazu gehören auch die Stärkung und Unterstützung junger Menschen bei der Aufarbeitung und Überwindung eigener Diskriminierungserfahrungen. Gefördert wird eine bundesweite Infrastruktur auf lokaler Ebene, die – in Form von Jugendmigrationsdiensten und weiteren Integrationsprojekten – eine Beratungs- und Angebotsstruktur für junge Migrant/innen zur Verfügung stellt, um diese bei der sozialen, sprachlichen, schulischen und beruflichen Integration zu unterstützen. Vor allem in der Netzwerkarbeit kommt den JMD zusätzlich eine jugendpolitische, strukturbildende Funktion zu.

Bereits im Koalitionsvertrag der Großen Koalition der vorherigen Legislaturperiode wurden die JMD explizit genannt. Das Programm erhält regelmäßig Mittel für zusätzliche Programmteile, für die auch Mittel aus anderen Ressorts zur Verfügung gestellt werden: 2015/16 wurde der Arbeitsauftrag um die Beratung junger Geflüchteter erweitert (jmd2start); schon im Vorfeld war eine Online-Beratungsplattform eröffnet worden (jmd4you), auf die junge Menschen bereits aus ihrem Herkunftsland zugreifen können. Es folgten Programme zur spezifischen Förderung der Quartiersarbeit aus Mitteln des Programms Soziale Stadt (jmd im Quartier) und zur Entwicklung digitaler Erfahrungswelten speziell für junge Menschen im ländlichen Raum (jmd digital, Asyl-, Migrations- und Integrationsfond). Mit dem Programm Respekt Coaches, gefördert aus Mitteln des Bundesinnenministeriums, wurde ein neuer Weg beschritten. Respekt Coaches wirken primärpräventiv direkt am Lernort Schule; ihre Zielgruppen sind nicht auf junge Migrant/innen beschränkt. Sie kooperieren mit der politischen Jugendbildung, die innerhalb dieses Programms erstmalig direkt in Schulen aktiv werden durfte. Das Programm weist beachtliche Wirksamkeit auf.

Die Umsetzung vor Ort

Soweit die Theorie – praktisch ist die Kinder- und Jugendhilfe vor Ort mit einem Mangel konfrontiert, entstanden aus chronischer Unterfinanzierung des Gesamtsystems und sich zuspitzenden gesellschaftlichen Entwicklungen mit Blick auf Wohnungsmarkt und Fachkräftesituation. Sie muss entscheiden, wie sie den Bedarf definiert, den sie mit den noch vorhandenen Ressourcen umsetzen kann. Der Bundesverband für unbegleitete minderjährige Flüchtlinge skandalisierte in einem gemeinsam mit der Internationalen Gesellschaft für Erzieherische Hilfen und Terre des Hommes im Dezember 2022 veröffentlichten Positionspapier (bumf et al. 2022), dass bei der Aufnahme unbegleiteter minderjähriger Ausländer/innen das Kindeswohl nicht mehr gewährleistet werden kann. Als Grund dafür wird unter anderem angegeben, dass die Aufnahmekapazitäten der Kinder- und Jugendhilfe, die in den vergangenen Jahren massiv zurückgebaut wurden, nicht wiederhergestellt werden können. Einzelne Bundesländer haben Ausnahmen vom Fachkräftegebot beschlossen; junge Menschen werden in Gemeinschaftsunterkünften oder anderen leerstehenden Gebäuden untergebracht und von Sicherheitskräften „betreut". Im laufenden Jahr hat sich die beschriebene Situation weiter zugespitzt. Unbegleitete Minderjährige werden vermehrt in Objekten untergebracht, die keine Betriebserlaubnis gemäß SGB VIII haben. Ambulante Leistungen der Kinder- und Jugendhilfe werden vor Ort angeboten, um wenigstens ein Mindestmaß an qualifizierter Betreuung gewährleisten zu können.

Das Programm Jugendmigrationsdienste mit seinem für die Zielgruppe der jungen Geflüchteten hochrelevanten Beratungs-, Bildungs- und Begleitangebot ist ein gutes Beispiel für die Sinnhaftigkeit einer Bundesförderung, die in allen Ländern vergleichbare Standards vorgibt für Problemlagen einer Zielgruppe, die bundesweit ähnlich sind. Andererseits handelt es sich um Projektförderung mit jährlicher Antragstellung und einer Fördersumme, die keine Dynamisierung beinhaltet und damit steigenden Kosten nicht Rechnung tragen kann. Die Diskussionen um den Bundeshaushalt 2024 haben sehr deutlich gezeigt, wie schnell der Bund sich teilweise oder ganz aus einer Projektförderung zurückziehen kann, wenn er andere Prioritäten setzen muss. Und auch wenn die Bundesförderung für das Programm JMD so beschlossen wird wie in der Haushaltsbereinigungssitzung am 16. November 2023 verhandelt, sagt das doch nichts darüber aus, wie sich der Bund für das Jahr 2025 verhalten wird. Planungssicherheit kann man das nicht nennen und es ist ehrenwert, dass sich trotz dieser unbefriedigenden Situation nur wenige Träger aus dem Programm zurückziehen. Gleiches gilt im Übrigen für die Programme, die die Länder auflegen, z.B. für die Schulsozialarbeit oder die offene Arbeit. Auch hier dominiert eine jährliche Förderung mit den genannten Problemen.

Fazit und Ausblick

Die Aufnahme vieler junger Geflüchteter stellt das von stetig wachsenden gesellschaftlichen Aufträgen aus Politik und Gesellschaft belastete System der Kinder- und Jugendhilfe vor große Herausforderungen. Die Leistungsfähigkeit der Kommunen stößt schon lange an ihre Grenzen, eine immer mehr ausgedünnte soziale Infrastruktur vor Ort und damit einhergehend immer weniger vergleichbare Bedingungen des Aufwachsens für alle jungen Menschen sind die Folgen. Die langfristigen Folgen dieses Mangels an gesetzlich garantierter Förderung und Begleitung für junge zugewanderte Menschen sind gravierend. Übergänge in Ausbildung und Beruf gelingen nur bedingt und erschweren ein gutes Ankommen in der Gesellschaft und in einer erstrebenswerten Zukunft.

> Jeder junge Mensch, der nach seiner Flucht nicht ankommen kann, fehlt: als Mitbürger/in, Fachkraft, Teil unserer vielfältigen Gesellschaft.

Es braucht ein neues Miteinander von Bund, Ländern und Kommunen, um die Kinder- und Jugendhilfe als Teil der sozialen Infrastruktur vor Ort zukunftsfähig zu machen – für alle jungen Menschen, die hier leben. Das Finanzierungssystem des Kinder- und Jugendhilfegesetzes war 1990/91 nicht ausgelegt für ein System von der Größenordnung der heutigen Kinder- und Jugendhilfe und ihren Leistungen der Daseinsvorsorge wie der Kindertagesbetreuung mit ihrem umfassenden Rechtsanspruch, der schulischen Ganztagsbetreuung oder der Schulsozialarbeit für alle jungen Menschen. Bund und Länder haben die Möglichkeit, sich über Programme zu beteiligen – der Bund mit den Inhalten, die bundesweit Relevanz haben, die Länder mit Angeboten, die spezifischer auf die Regionen ausgerichtet sind. Im Unterschied zu den Kommunen, die leistungsverpflichtet sind, können Bund und Länder entscheiden, was und wie viel sie investieren. Hier braucht es mehr Verbindlichkeit – für die Kommunen, damit sie ihre eigenen Angebote mit den Programmen von Bund und Ländern abgleichen und damit Parallelstrukturen vermeiden und Synergieeffekte erreichen können. Das Gleiche gilt für die Träger, die in Zeiten des Fachkräftemangels und stetig steigender Kosten sehr genau überlegen, wo sie sich (noch) engagieren (können). Projekte mit einjähriger Laufzeit, ein Jahr im Vorfeld beschieden und ohne Flexibilität z.B. mit Blick auf steigende Entgelte von Mitarbeitenden sind für Träger, die wirtschaftlich arbeiten müssen, sind wenig attraktiv.

Nicht zuletzt muss der Bund, der sich gern auf seine Anregungsfunktion beschränkt, seine Steuerungsfunktion mit Blick auf die Schaffung gleichwertiger Bedingungen des Aufwachsens wahrnehmen. Dazu gehört, dass Länder, kommunale Spitzenverbände und die Verbände der freien Wohlfahrtspflege von der zuständigen Ministerin bereits in die Entwicklung von Bundesprogrammen einbezogen werden. Und dazu gehört auch, dass bereits in der Planung mitgedacht wird, was bei nachgewiesener Wirksamkeit am Ende der Programmlaufzeit passiert. Denn nichts ist schlimmer als ein wirksames Programm, dessen Wirkung mangels verantwortlichen Regierungshandelns verpufft.

Literatur

bpb – Bundeszentrale für Politische Bildung (2004): Menschenrechte. Dokumente und Deklarationen.

bumf et al. – Bundesverband für unbegleitete minderjährige Flüchtlinge/Internationale Gesellschaft für Erzieherische Hilfen/Terre des Hommes IGfH (2022): Kindeswohl für alle Kinder und Jugendlichen sichern! Unterbringungssituation von UMF wird immer prekärer: Fachkräfte und UMF dürfen nicht alleine gelassen werden!, Positionspapier.

Statista (2023): Hauptherkunftsländer von Asylbewerbern in Deutschland im Jahr 2023, https://de.statista.com/statistik/daten/studie/154287/umfrage/hauptherkunftslaender-von-asylbewerbern/ (4. Dezember 2023).

Noemi Heister, Helen Ghebremicael

Orte der Partizipation und Selbstbestimmung schaffen: inklusive Kinder- und Jugendarbeit

Was braucht eine inklusive Kinder- und Jugendarbeit? Jugendliche mit Behinderungen sind in erster Linie Jugendliche – sie wünschen sich Freiräume zur Entfaltung, Orte der Vergemeinschaftung und Möglichkeiten sowie Anregungen zur Lebens- und Freizeitgestaltung.

Trotz der Ratifizierung der UN-Behindertenrechtskonvention (UN-BRK) im Jahre 2009 und eines wachsenden bzw. sich stetig ausdifferenzierenden Freizeitsektors nehmen Menschen mit Behinderungen, insbesondere Kinder und Jugendliche, immer noch nicht selbstbestimmt und gleichberechtigt an den gesellschaftlichen Teilsystemen Bildung, Kultur, Freizeit und Sport teil (vgl. u.a. Trescher 2015; BMAS 2021). Dabei fordert Artikel 30 der UN-BRK die Vertragsstaaten auf, Maßnahmen zu ergreifen, um eine gleichberechtigte, selbstbestimmte und vielfältige Freizeitgestaltung von Menschen mit Behinderungen in sozialer Partizipation zu sichern. Artikel 30, Abs. 5 (d) UN-BRK gibt vor, dass Maßnahmen ergriffen werden, damit Kinder und Jugendliche mit Behinderungen an außerschulischen und schulischen Bildungs- und Freizeitaktivitäten gleichberechtigt teilhaben können. Es wird gefordert, dass Angebote, Dienstleistungen und Aktivitäten im Gemeinwesen für alle zugänglich sein müssen.

Das Schaffen inklusiver Kulturen, Strukturen und Praktiken im sozialen Umfeld (Meyer 2020) kann jedoch nicht allein von der Behindertenhilfe bewältigt werden. Eine umfassende Anerkennung der Bedeutung von Menschen für gesellschaftliche Systeme, Organisationen und Gruppen ist notwendig, um Inklusion zu ermöglichen und Teilhabe zu gewährleisten (Terfloth 2008). Inklusion in verschiedenen Handlungsfeldern ist somit sowohl eine Voraussetzung als auch ein Ergebnis gelungener Teilhabe (Kastl 2016).

In der Praxis zeigt sich jedoch oft, dass vor allem Menschen mit Behinderungen weitestgehend von einer alltäglichen Freizeitgestaltung ausgeschlossen sind (Dederich 2011, 139). Die Trennung der Freizeitangebote für Heranwachsende mit und ohne Behinderungen ist jahrzehntelang gesellschaftlich gewachsen und wurde in den unterschiedlich zuständigen Leistungssystemen (Achtes und Neuntes Buch Sozialgesetzbuch [SGB VIII und SGB IX]) verankert. Das Kinder- und Jugendstärkungsgesetz (2021) verpflichtet erstmals ausdrücklich zur inklusiven Weiterentwicklung des SGB VIII. Die Einrichtungen der Kinder- und Jugendarbeit sind dadurch verstärkt damit konfrontiert, die Zugänglichkeit und Nutzbarkeit ihrer Angebote für Heranwachsende mit unterschiedlichen Behinderungsformen und Bedarfen sicherzustellen, um Inklusion zu ermöglichen (§ 11

SGB VIII). Die Arbeitsgemeinschaft für Kinder- und Jugendhilfe (AGJ) macht in ihrem Diskussionspapier „Inklusion in der Jugendarbeit 10 Jahre UN-BRK – ein Blick auf die Entwicklungen in der und Erwartungen an die Jugendarbeit" deutlich, dass die Kinder- und Jugendarbeit Inklusionspotenziale eröffnet, die es stärker zu nutzen gilt (AGJ 2019). Der vorliegende Beitrag widmet sich der Frage: Was braucht eine inklusive Kinder- und Jugendarbeit, um inklusive Orte der Selbstbestimmung und Partizipation zu schaffen? Neben der Vorstellung von Studienergebnissen werden weitere Praxisbeispiele herangezogen.

Der Lebensbereich Freizeit ist für alle Jugendlichen von hoher Bedeutung

Besonders während der Identitätsentwicklung in der Jugendphase stellt die Freizeit einen Lebensbereich dar, in dem Jugendliche mehr über sich selbst erfahren können. Sie bietet Jugendlichen Möglichkeiten zur Identitäts- und Persönlichkeitsentwicklung, da sie Ablöseprozesse mit Gleichaltrigen gestalten sowie soziales Rollen- und Regelhandeln erproben können (Hurrelmann/Quenzel 2022). Der Lebensbereich Freizeit eröffnet den Raum und die Handlungsfreiheit, um neue Aktivitäten zu erkunden, Fähigkeiten zu präsentieren, mit anderen in Kontakt zu treten sowie sich selbst einzusetzen und auszudrücken. Die Teilhabe an außerschulischen Freizeitaktivitäten und -angeboten kann die Gemeinschaftsbildung, Inklusion und Partizipation fördern. Doch wie sieht die Teilhabesituation von Jugendlichen mit Behinderungen an Freizeitaktivitäten aus und welche Barrieren oder Unterstützungsmaßnahmen spielen dabei eine entscheidende Rolle?

Die Teilhabesituation von jungen Menschen mit Behinderungen in der Freizeit

Die gelingende Teilhabe an Freizeitaktivitäten und -angeboten ist auch für die Persönlichkeitsentwicklung von Heranwachsenden mit Behinderungen bedeutsam (Heister/Köb 2022). Forschungsergebnisse zur Freizeitpartizipation und zum Freizeiterleben junger Menschen mit Behinderungen gibt es jedoch wenige.

Noemi Heister ist Leiterin der Qualifizierung am Annelie-Wellensiek-Zentrum für Inklusive Bildung und Akademische Mitarbeiterin am Institut für Sonderpädagogik der PH Heidelberg sowie Promovierende im Dissertationsprojekt „Einstellungen von Fachkräften der Offenen Kinder- und Jugendarbeit zu Inklusion und deren Bedeutung für die Implementierung und Gestaltung inklusiver Praxis". E-Mail: heister@ph-heidelberg.de

Helen Ghebremicael ist Referentin im Referat Konzepte der Bundesvereinigung Lebenshilfe e.V. E-Mail: Helen.ghebremicael@ lebenshilfe.de

Grundsätzlich ist anzumerken, dass für (junge) Menschen mit Behinderungen die gleichen Bedürfnisse und Interessen an Freizeit gelten wie für (junge) Menschen ohne Behinderungen (Markowetz 2009). Dennoch lassen sich auch Unterschiede im Freizeitverhalten je nach Art und Schwere der Behinderung und damit einhergehend nach kontextuellen Teilhabebarrieren feststellen. Insbesondere bei Jugendlichen mit geistiger Behinderung scheint die Teilnahme an Freizeitaktivitäten im sozialen Umfeld stark begrenzt zu sein, wie von Schröder (2006) in ihrer Studie aufgezeigt wurde. In ihrer Dissertation untersuchte sie das Freizeitverhalten von 63 Jugendlichen mit geistiger Behinderung und identifizierte sportliche und mediale Aktivitäten als die am häufigsten genannten Freizeitbeschäftigungen. Bemerkenswert ist dabei, dass soziale Interaktionen mit Gleichaltrigen nur selten stattfanden. Etwa 59 % der Befragten gaben an, sich in ihrer Freizeit oft zu langweilen, was die Gestaltung ihrer Freizeit als herausfordernd kennzeichnet. Diese Langeweile scheint teilweise auf eingeschränkte Zugänge zu Freizeitorten und mangelnde regelmäßige Kontakte zu Freund/innen zurückzuführen zu sein. Es ist auffällig, dass rund 33 % der Jugendlichen überhaupt keine Zeit mit Freund/innen verbringen, und etwa 24 % scheinen nicht in ihr soziales Umfeld integriert zu sein.

Das Freizeitleben im Sozialraum scheint gerade bei Jugendlichen mit geistiger Behinderung erheblich eingeschränkt zu sein, was sich wiederum negativ auf ihre Bedürfnisse nach gesellschaftlicher Teilhabe im Freizeitbereich auswirkt (Schröder 2006, 55 ff.). Auch Heister et al. (2023) kommen zu diesen Ergebnissen. Im Rahmen des von der Aktion Mensch geförderten und von der Hochschule für Angewandte Wissenschaften Hamburg und der Pädagogischen Hochschule Heidelberg gemeinsam durchgeführten Praxis-Forschungsprojektes „Mit den Augen von Jugendlichen – Was braucht eine inklusive Jugendarbeit?" befragten sie sowohl Fachkräfte der Kinder- und Jugendarbeit sowie Behindertenhilfe als auch Jugendliche mit geistigen Behinderungen zu den Freizeitangeboten der beiden Bereiche (Heister et al. 2023, 14).

Laut den Fachkräften bestehe eine bedeutende Herausforderung bei der Umsetzung inklusiver Freizeitangebote darin, dass sich die Interessen von Jugendlichen mit und ohne geistige Behinderung unterschiedlich entwickeln. Heranwachsende mit geistigen Behinderungen könnten von ihren Peers als kindlicher wahrgenommen werden und aufgrund äußerlicher Merkmale Ziel von Mobbing werden: „Die Nichtbehinderten, die dann sehr wohl auf Äußerlichkeiten gehen, und Mobbing ist auch immer ein Thema und so" (Aussage einer interviewten Person aus Heidelberg).

Die befragten Jugendlichen mit geistigen Behinderungen geben an, dass sie sich mehr offene Einrichtungen und Angebote an ihrem Wohnort wünschen (Heister et al. 2023, 15). Viele der Jugendlichen berichten außerdem, dass sie abgesehen von den bereits genutzten Angeboten nur wenige bis gar keine anderen kennen. Es fehle ihnen an Informationen zu Angeboten, was sie beklagen. Zudem geben die Jugendlichen mit geistigen Behinderungen an, dass sie nicht über ausreichend freie Zeit verfügen, da sie durch Ganztagsschulen oder Verpflichtungen in Wohngruppen stark beansprucht sind.

Insgesamt ist die verfügbare Zeit für Freizeitaktivitäten bei Jugendlichen mit Behinderungen im Vergleich zu Jugendlichen ohne Behinderungen geringer. Die Gründe hierfür sind vielfältig und teilweise abhängig von Art und Grad der Behinderung. Neben der Ganztagsbeschulung spielen längere Schulwege aufgrund des Förderschulbesuchs außerhalb des Sozialraums eine Rolle. Auch zusätzliche Therapieeinheiten oder Arztbesuche erschweren die Teilnahme an Freizeitangeboten für junge Menschen mit Behinderungen (Gaupp et al. 2017, 16). Darüber hinaus stehen gerade Heranwachsende mit geistiger Behinderung häufig in einer engen Elternbeziehung oder sind von pädagogischem Personal abhängig (Heister/Köb 2022, 175 ff.).

In der Befragung von Heister et al. (2023) berichten die Jugendlichen, dass Familienmitglieder sie mit dem Auto, Bus oder Rad zum Angebot bringen oder begleiten. Auch Peers und Geschwister sichern den Zugang zu Freizeitangeboten. Sie vermitteln Informationen zu den Angeboten und nehmen die Jugendlichen mit Behinderungen zu den Angeboten mit. Dadurch wird ihnen der Zugang erleichtert. Auch Freizeitassistent/innen leisten diese Unterstützung, sodass Jugendliche an den Freizeitangeboten teilhaben können. Sie sind Türöffner, damit Jugendliche mit Behinderungen barrierefrei an den Angeboten teilnehmen können.

Nach wie vor finden sich soziale, sprachliche, ökonomische und bauliche Barrieren als Zugangshürden für Jugendliche mit Behinderungen, die die Teilhabe an Angeboten der Kinder und Jugendarbeit erschweren oder verhindern. Das Ziel der selbstbestimmten und gleichberechtigten Teilhabe von Menschen mit Behinderungen erfordert die Beseitigung von Barrieren. Die in Artikel 7 und 30 der UN-BRK beschriebene volle und wirksame Teilhabe von jungen Menschen mit Behinderungen und deren Beteiligung an gesellschaftlichen Prozessen wird als Auftrag an die Jugendarbeit verstanden. Inwiefern eine inklusive Kinder- und Jugendarbeit sich zwischen Anspruch und Wirklichkeit abbilden lässt, wird nachfolgend dargelegt.

Inklusive Kinder- und Jugendarbeit: Ansprüche, Bedingungen, Wirklichkeit

Im Heranwachsen von Kindern und Jugendlichen spielen außerschulische Bildungs- und Freizeitaktivitäten eine große Rolle. Ob organisierte oder informelle Aktivitäten, diese Orte bieten ihnen die Möglichkeit, ihre Interessen zu erproben und zu vertiefen (Züchner/Arnoldt 2011, 268). Als außerschulischer Ort ist die Kinder- und Jugendarbeit von ihrer Programmatik her offen für alle Kinder und Jugendlichen und bietet aufgrund ihrer Prinzipien wie Freiwilligkeit, Niederschwelligkeit, Bedürfnis-, Interessen- und Lebensweltorientierung sowie Partizipation Potenziale zur Integration, Vergemeinschaftung, Verantwortung und Bildung (Rauschenbach et al. 2010):

> „Die Kinder- und Jugendarbeit kann als informelles und non-formales Bildungssetting dazu beitragen, negative Einstellungen gegenüber Menschen mit Behinderungen aufseiten der Kinder und Jugendlichen ohne Behinderungen abzubauen, da sie einen Rahmen für positiv erlebte Kontakte zwischen jungen Menschen mit und ohne Behinderungen bietet" (Mairhofer et al. 2022, 95).

Diese Inklusionspotenziale scheinen allerdings bislang nur unzureichend genutzt zu werden (AGJ 2019, 8). Die Herausforderung resultiert einerseits aus dem Grundsatz, für alle jungen Menschen offen zu sein und dementsprechende jugendspezifische Angebote bereitzustellen. Andererseits entsteht sie aus der Verpflichtung, proaktiv die Teilhabe von Kindern und Jugendlichen mit Behinderungen zu fördern, sie und ihre Eltern gezielt anzusprechen und sich dabei auch behindertenspezifischen Anforderungen zu stellen (Mairhofer et al. 2022, 97).

Die inklusive Kinder- und Jugendarbeit verortet sich somit in einem Spannungsfeld: Zahlreiche Träger der Kinder- und Jugendarbeit beschäftigen sich einerseits mit einer inklusiven Öffnung und Nutzbarkeit ihrer Angebote und Einrichtungen. Es gibt bundesweit bereits einige Handreichungen und Praxisbücher sowie Initiativen und Inklusionsprojekte. Andererseits gibt es wenig Literatur und nur wenige empirische Studien zur Inklusion in diesem Handlungsfeld (Meyer 2020, 94).

Die vorhandenen Studienergebnisse zeichnen ein ähnliches Bild der inklusiven Kinder- und Jugendarbeit: Kieslinger und Meyer (2013) legen dar, dass kommunale Freizeitanbieter bereits Erfahrungen mit der vereinzelten Integration von Kindern und Jugendlichen mit Behinderungen gemacht haben. Als förderlich erweist sich die Präsenz von Einrichtungen der Behindertenhilfe in der Region, da Menschen mit Behinderungen im Sozialraum sichtbarer sind. Anbieter, die auf gemeinschaftliche Angebote setzen, sind eher dazu bereit, die Teilnahme von Menschen mit Behinderungen zu ermöglichen. Die meisten Einrichtungen wollen ihr Freizeitangebot bewusst nicht als inklusiv ausschreiben, da Ängste vor einer zu hohen Anzahl von Teilnehmenden mit Behinderungen bestehen, sodass Personen ohne Behinderungen ausbleiben könnten. Die Akzeptanz von Kindern und Jugendlichen ohne Behinderungen scheint von dem Schweregrad der Behinderung abhängig zu sein. Auch bei Eltern von Kindern und Jugendlichen ohne Behinderungen scheinen Berührungsängste vorzuliegen. Eltern von Kindern und Jugendlichen mit Behinderungen erhoffen sich von lokalen Freizeitanbietern Unterstützung bei der Freizeitgestaltung und bei Kontakten zu Peers ohne Behinderungen. Die Studie von Kieslinger und Meyer (2013) wurde jedoch nicht aus der Perspektive der Jugendhilfe durchgeführt, sondern als Entwicklungsprojekt der Eingliederungshilfe.

Mairhofer et al. (2022) stützen sich auf eine quantitative Erhebung des Deutschen Jugendinstituts (DJI) aus dem Jahr 2018. 1.350 Jugendzentren wurden zur Teilnahme von Jugendlichen mit Behinderungen an ihren Angeboten befragt. Die Ergebnisse zeigen, dass 61 % der befragten Jugendeinrichtungen auch Besuchende mit Behinderungen haben. Die Zahl reduziert sich auf 52 %, wenn man Besuchende mit Lernbehinderung ausklammert. Mehr als die Hälfte der Einrichtungen sehen Schwierigkeiten bei der Umsetzung von Inklusion bei Jugendlichen mit geistigen, psychischen oder mehrfachen Beeinträchtigungen.

Neben den empirischen Befunden werden immer wieder Gelingensbedingungen und Handlungsbedarfe für eine inklusive Kinder- und Jugendarbeit formuliert. Lüders (2014) benennt Handlungsbedarfe auf der Meso- und Mikroebene. Auf der Mesoebene der Organisation und Institution braucht es Barrierefreiheit, Ressourcen und inklusive Verfahren. Auf der Mikroebene des Personals und der Profession werden Kompetenzen, Qualifikationen für die Arbeit mit jungen Menschen mit Behinderungen und eine offene Haltung benötigt. Auch Oskamp (2013) und Voigts (2014; 2019) kommen zu ähnlichen Gelingensbedingungen für eine inklusive Kinder- und Jugendarbeit:

> Entscheidend für die Umsetzung einer inklusiven Kinder- und Jugendarbeit sind die Haltung des Personals bzw. Teams, zusätzliches Personal bzw. Assistenzen, Barrierefreiheit in der Kommunikation, Ausstattung in der Einrichtung, Einbeziehung, Kooperation und Offenheit gegenüber den Eltern und den Trägern der Behindertenhilfe, finanzielle Ressourcen und förderliche politische Rahmenbedingungen.

Diese Handlungsbedarfe benennen auch die befragten Fachkräfte aus dem Praxis-Forschungsprojekt „Mit den Augen von Jugendlichen" (Heister et al. 2023). Zu wenig hauptamtliches Personal erschwere die Kooperation und die gemeinsame Ausgestaltung inklusiver Kinder- und Jugendarbeit. Die Befragten gaben an, dass eine inklusive Nutzung der Angebote vor allem durch ehrenamtliche Assistent/innen sichergestellt sei. Diese nehmen eine Brückenfunktion zwischen den Jugendlichen mit und ohne Behinderungen ein, wenn sie sowohl in der Unterstützung von Menschen mit Behinderungen geschult sind als auch das System der Jugendarbeit kennen würden. Zudem sehen sie Schulungen zum Thema Inklusion und Kooperationen auch für ehrenamtliche Helfer/innen als notwendig an.

Aus den vorliegenden Studienergebnisse lässt sich schlussfolgern, dass die notwendigen Rahmenbedingungen geschaffen und auch proaktiv die Heranwachsenden mit Behinderungen, ihre Eltern und pädagogischen Assistenzen angesprochen werden müssen, damit Kinder und Jugendliche mit Behinderungen die Angebote der Kinder- und Jugendarbeit nutzen können. Auch die Vernetzung im Sozialraum sowie die gemeinsame Planung und Durchführung von Angeboten von Einrichtungen der Behindertenhilfe sowie Kinder- und Jugendarbeit bringt eine inklusive Kinder- und Jugendarbeit voran.

Inklusive Kinder- und Jugendarbeit: Praxisbeispiele als Mutmacher

Deutschlandweit entstehen Kooperationen zwischen der Behindertenhilfe und der Kinder- und Jugendarbeit, um Rahmenbedingungen zu schaffen, die die Angebote für Jugendliche mit Behinderungen nutzbar machen. Akteur/innen aus der Behindertenhilfe und der Jugendarbeit entwickeln gemeinsam Konzepte, bauen Barrieren für junge Menschen mit Behinderungen ab, um die Angebote der Kinder- und Jugendarbeit für sie zugänglich zu machen. Ein Projekt, das solche inklusive Organisationsprozesse in der Kinder- und Jugendarbeit anstößt, ist das Projekt des Bayerischen Jugendrings (BJR) „Inklusion – geht klar!" Gemeinsam mit dem Lebenshilfe-Landesverband Bayern als Kooperationspartnerin bildet der BJR Fachberater/innen „Inklusion in der Jugendarbeit" am Institut für Jugendarbeit in Gauting und dem Fortbildungsinstitut der Lebenshilfe Bayern e.V. in Erlangen aus.

Die Zusatzausbildung ist strukturiert in fünf Module, die sich intensiv mit inklusionsorientierter Kinder- und Jugendarbeit beschäftigen. Sie bietet praktische Werkzeuge und Methoden, um Inklusion von Grund auf zu berücksichtigen und aktiv umzusetzen. Bereits während der Zusatzausbildung wird praktische Arbeit geleistet und das Gelernte angewandt: Während der Ausbildung soll ein Bildungs- oder Freizeitangebot inklusiv umgesetzt oder ein inklusiver Entwicklungsprozess für die eigene Organisation gestartet werden. Die Zusatzausbildung richtet sich an Fachkräfte und Ehrenamtliche aus den beiden Bereichen der Jugend- und Behindertenarbeit. Das Projekt wird von der Aktion Mensch Stiftung gefördert.

In einem ähnlichen Projekt „Jugendarbeit für Alle: Inklusion" möchten der Stadtjugendring Heidelberg und die Lebenshilfe Heidelberg gemeinsam Fachkräfte sensibilisieren und qualifizieren, Begegnungen von Jugendlichen mit und ohne Behinderungen schaffen sowie die Öffnung von Angeboten für alle fördern.

Der Prozess hin zu einer inklusiven Kinder- und Jugendarbeit wird nicht morgen abgeschlossen sein. Die inklusive Weiterentwicklung der Kinder- und Jugendarbeit ist eine Gesamtverantwortung der Behindertenhilfe und der Kinder- und Jugendarbeit. Durch eine enge Kooperation können Fachkräfte der Behindertenhilfe und der Jugendarbeit ihr Wissen, ihre Erfahrungen und ihre Ressourcen bündeln, um inklusive Angebote zu entwickeln. Gemeinsam können sie Angebote sowie einen Sozialraum schaffen, um die Teilhabe von jungen Menschen mit Behinderungen zu ermöglichen und Inklusion im Jugendalter zu fördern. Dabei sollten sie sich die Fragen stellen: Was ist jungen Menschen mit Behinderungen wichtig? Können sie die bestehenden Angebote der Kinder- und Jugendarbeit überhaupt nutzen? Und berücksichtigen wir die Bedarfe der jungen Menschen und deren Familien aus ihrer Perspektive?

Fazit

Inklusion birgt insgesamt viele Herausforderungen, aber sie eröffnet auch Chancen für die Kinder- und Jugendarbeit. Als Ort nonformaler Bildungsprozesse und informeller Begegnungsmöglichkeiten eröffnet sie einen Austausch ohne Leistungsdruck auf Augenhöhe auf Basis geteilter Interessen. Sie kann dazu beitragen, dass Heranwachsende miteinander Freizeit gestalten, voneinander lernen und sich gegenseitig unterstützen. Sie bietet einen Rahmen, um Sensibilisierungsprozesse anzustoßen und Inklusion als gesamtgesellschaftliche Aufgabe voranzutragen. Die Kinder- und Jugendarbeit ermöglicht Freizeit- und Bildungsmöglichkeiten für alle jungen Menschen. Dabei gilt es zu beachten, dass sich jede/r mit den eigenen individuellen Kompetenzen im Gemeinsamen einbringen kann. „Menschen müssten als Individuen gesehen werden und mehr Chancen bekommen", so Joachim Busch, Selbstvertreter der Lebenshilfe Lübeck (in Pandelaki 2023, o.S.).

Literatur

AGJ – Arbeitsgemeinschaft für Kinder- und Jugendhilfe (2019): Inklusion in der Jugendarbeit. 10 Jahre UN-BRK – ein Blick auf die Entwicklungen in der und Erwartungen an die Jugendarbeit. Diskussionspapier der Arbeitsgemeinschaft für Kinder- und Jugendhilfe – AGJ, https://www.agj.de/fileadmin/files/positionen/2019/Inklusion_Jugendarbeit.pdf (15. Januar 2024).

BMAS – Bundesministerium für Arbeit und Soziales (2021): Dritter Teilhabebericht der Bundesregierung über die Lebenslagen von Menschen mit Beeinträchtigungen. Teilhabe – Beeinträchtigung – Behinderung, Bonn.

Dederich, Markus (2011): Abhängigkeit, Macht und Gewalt in asymmetrischen Beziehungen, in: Dederich, Markus/Grüber, Katrin (Hrsg.): Herausforderungen. Mit schwerer Behinderung leben, Frankfurt a.M.

Gaupp, Nora/Schütz, Sandra/Küppers, Lara (2022): IM TEXT: 2017!!! BITTE PRÜFEN!!! Kinder und Jugendliche mit Behinderungen, in: Krüger, Heinz-Hermann et al. (Hrsg.): Handbuch Kindheits- und Jugendforschung, Wiesbaden, S. 2–21.

Heister, Noemi/Köb, Stefanie (2022): Lebensqualität und Freizeit, in: Zentel, Peter (Hrsg.): Lebensqualität und geistige Behinderung. Theorien, Diagnostik, Konzepte, Stuttgart, S. 172–183.

Heister, Noemi/Köb, Stefanie/Zentel, Peter (2023): Inklusive Freizeit in der Kinder- und Jugendarbeit. Sichtweisen der Fachpersonen aus der Praxis und der Jugendlichen mit geistigen Behinderungen, in: Schweizerische Zeitschrift für Heilpädagogik, Jg. 29, Nr. 5, S. 11–16.

Hurrelmann, Klaus/Quenzel, Gudrun (2022): Lebensphase Jugend. Eine Einführung in die sozialwissenschaftliche Jugendforschung, 14. Aufl., Weinheim/Basel.

Kastl, Jörg M. (2016): Einführung in die Soziologie der Behinderung. 2. Aufl., Wiesbaden.

Kieslinger, Christina/Meyer, Thomas (2013): Evaluation der Modellprojekte „Neue Bausteine in der Eingliederungshilfe", Stuttgart.

Lüders, C. (2014). „Irgendeinen Begriff braucht es ja …". Das Ringen um Inklusion in der Kinder- und Jugendhilfe, in: Soziale Passagen, 6(1), S. 21–53.

Mairhofer, Andreas/Peucker, Christian/Pluto, Liane/van Santen, Eric (2022): Herausforderungen der Offenen Kinder- und Jugendarbeit. Empirische Erkenntnisse, Weinheim/Basel.

Markowetz, Reinhard (2009): Freizeiterziehung für Kinder und Jugendliche mit Behinderungen/Benachteiligungen, in: Orthmann-Bless, Dagmar (Hrsg.): Private Lebensgestaltung bei Behinderungen und Benachteiligungen im Kindes- und Jugendalter, Baltmannsweiler, S. 30–63.

Meyer, Thomas (2016): Inklusion von Menschen mit Behinderung in der Kinder- und Jugendarbeit sowie der Jugendsozialarbeit in Baden-Württemberg. Eine Expertise im Auftrag des Ministeriums für Arbeit und Sozialordnung, Familie, Frauen und Senioren Baden-Württemberg, https://sozialministerium.baden-wuerttemberg.de/fileadmin/redaktion/m-sm/intern/downloads/Publikationen/Abschlussbericht_Expertise_Inklusion_KJA_BW_2016.pdf (3. Januar 2024).

Meyer, Thomas (2020): Inklusive Jugendarbeit – theoretischer Anspruch und praktische Umsetzung, in: Teilhabe, Jg. 59, Nr. 3, S. 94 –101.

Oskamp, Anke (2013): Kinder- und Jugendarmut, in: Deinet, Ulrich/Sturzenhecker, Benedikt (Hrsg.): Handbuch offene Kinder- und Jugendarbeit, Wiesbaden, S. 127–134.

Pandelaki, Lisa (2023): Inklusion: „Deutschland muss sich mehr anstrengen", https://www.ndr.de/hand_in_hand_fuer_norddeutschland/Inklusion-Deutschland-muss-sich-mehr-anstrengen,joachimbusch100.html (16. Januar 2024).

Rauschenbach, Thomas/Borrmann, Stefan/Düx, Wiebke/Liebig, Reinhard; Pothmann, Jens/Züchner, Ivo (2010): Lage und Zukunft der Kinder- und Jugendarbeit in Baden-Württemberg. Eine Expertise, Dortmund u.a.

Schröder, Katja (2006): Freizeitverhalten und Freizeiterleben von Jugendlichen mit geistiger Behinderung. Eine empirische Studie aus personenzentrierter und subjektbezogener Forschungsperspektive, Technische Universität Dortmund.

Seckinger, Mike/Pluto, Liane/Peucker, Christian/van Santen, Eric (2016): Einrichtungen in der offenen Kinder- und Jugendarbeit. Eine empirische Bestandsaufnahme, Weinheim/Basel.

Terfloth, Karin (2008): Inklusion und Exklusion – Formen der Relevanz von Kommunikation, in: Beck, H./Schmidt, H. (Hrsg.): Bildung als diakonische Aufgabe. Befähigung – Teilhabe – Gerechtigkeit, Heidelberg, S. 294–302.

Trescher, Hendrik (2015): Inklusion. Zur Dekonstruktion von Diskursteilhabebarrieren im Kontext von Freizeit und Behinderung, Frankfurt a.M.

Voigts, Gunda (2014): Projekt „Auftrag Inklusion: Perspektiven für eine neue Offenheit in der Kinder- und Jugendarbeit". Standortbestimmung und Inklusions-Check, in: deutsche jugend 62 (11), S. 469–476.

Voigts, Gunda (2019): Inklusive Gestaltungsstrategien in der Offenen Kinder- und Jugendarbeit. Ergebnisse eines Praxis-Forschungsprojektes, in: deutsche jugend, 67. Jg., Nr. 7/8, S. 331–338.

Züchner, Ivo/Arnoldt, Bettina (2011): Schulische und außerschulische Freizeit- und Bildungsaktivitäten. Teilhabe und Wechselwirkungen, in: Fischer, Natalie/Holtappels, Heinz Günter/Klieme, Eckhard/Rauschenbach, Thomas/Stecher, Ludwig/Züchner, Ivo (Hrsg.): Ganztagsschule: Entwicklung, Qualität, Wirkungen. Längsschnittliche Befunde der Studie zur Entwicklung von Ganztagsschulen (StEG), Weinheim/Basel, S. 267–290.

Auf dem Weg zur inklusiven Kinder- und Jugendhilfe

Archiv für Wissenschaft und Praxis der Sozialen Arbeit 3/2023

104 Seiten, kart., 18,20 Euro, für Mitglieder des Deutschen Vereins 14,50 Euro.
ISBN 978-3-7841-3590-8

Der Weg zu einer inklusiven Kinder- und Jugendhilfe erfordert tiefgreifende strukturelle, organisationale und kulturelle Anpassungen. Wie können diese gestaltet werden? Wie lässt sich damit breite Partizipation verankern? Das Heft bietet Erörterungen aus Sicht betroffener Menschen und Handlungsfelder sowie richtungsweisende Ansätze aus der Praxis.

Versandkostenfrei bestellen im Online-Buchshop:
www.verlag.deutscher-verein.de

Peter Komhard

Platz für Jugendliche im öffentlichen Raum: sozialraumorientierte Planung in Esslingen

Durch Mitbestimmen, Mitgestalten und Mitwirken können Jugendliche ihre Lebenszeit und Umgebung aktiv beeinflussen und somit ihre Zukunft mitgestalten. In diesem Beitrag wird als Praxisbeispiel die kommunale Jugendförderplanung 2023 der Stadt Esslingen am Neckar vorgestellt.

Die Förderung der Jugend ist nicht nur eine Investition in die Zukunft, sondern auch eine Verantwortung der Gegenwart. In diesem Kontext spielt die kommunale Jugendförderplanung eine zentrale Rolle, um eine bedarfsgerechte kommunale Jugendinfrastruktur zu schaffen. Die Stadt Esslingen verfolgt bereits seit 1990 den Ansatz einer dezidierten kommunalen Jugendförderplanung und hatte zuletzt 2010 einen entsprechenden Jugendförderplan verabschiedet. Das planerische Vorgehen soll dabei die Bedarfe von Kindern- und Jugendlichen für eine kinder- und jugendfreundliche Stadtgesellschaft in den Fokus nehmen und Handlungsfelder für die kommunale Verwaltung und Jugendarbeit definieren.

Nach über einem Jahrzehnt werden nun mit dem Jugendförderplan 2023 neue Impulse gesetzt. Mit Blick auf die Auswirkungen verschiedener gesellschaftlicher Krisen wurde der Schwerpunkt „Kinder und Jugendliche im öffentlichen Raum" durch eine Fachexpertengruppe für den kommenden Planungszeitraum definiert. Dieser Artikel beleuchtet insbesondere die integrierte und auf Beteiligung ausgerichtete Vorgehensweise der Jugendförderplanung in Esslingen.

Systematik der integrierten Planung

Die integrierte kommunale Planung im Kontext der Jugendarbeit ist ein ganzheitlicher Ansatz zur Planung und Umsetzung von Maßnahmen und Angeboten für Jugendliche auf kommunaler Ebene. Dieser Ansatz berücksichtigt verschiedene Lebensbereiche von Jugendlichen und strebt eine umfassende, koordinierte und nachhaltige Entwicklung an. Er folgt einer eigenen, auf Kinder- und Jugendarbeit orientierten Systematik (auf Grundlage von: Deutscher Verein 2011 und Deutsche Kinder- und Jugendstiftung GmbH 2020). Folgende Aspekte sind in diesem Zusammenhang relevant:

Vernetzung verschiedener Akteure
Integrierte kommunale Planung in der Kinder- und Jugendarbeit bedeutet, dass verschiedene Akteure wie Jugendhilfe, Schulen, Freizeiteinrichtungen, Gesundheitsdienste, lokale Unternehmen und weitere relevante Institutionen miteinander vernetzt werden. Ziel ist es, Synergien zu schaffen und Ressourcen effizient zu nutzen.

Bedarfsorientierte Planung
Die Bedürfnisse und Interessen von Kindern und Jugendlichen stehen im Mittelpunkt der Planung. Dies erfordert eine umfassende Analyse der Bedarfe vor Ort, um gezielte Maßnahmen und Angebote zu entwickeln.

Partizipation von Jugendlichen
Jugendliche sollen in den Planungsprozess einbezogen werden, um sicherzustellen, dass ihre Perspektiven und Meinungen berücksichtigt werden. Dies fördert nicht nur die Akzeptanz der Maßnahmen, sondern stärkt auch die Eigenverantwortung und das Engagement der Jugendlichen.

Peter Komhard,
Dipl.-Sozialpädagoge und Sozialmanager MA, ehem. kommunaler Jugendreferent der Stadt Esslingen am Neckar, ist Geschäftsführer des Stadtjugendring Sindelfingen e.V. E-Mail: p.komhard@sjr-sifi.de

Interdisziplinäre Zusammenarbeit
Verschiedene Fachbereiche arbeiten interdisziplinär zusammen, um eine ganzheitliche Unterstützung für Jugendliche sicherzustellen. Dies umfasst in der Folge die Zusammenarbeit von Fachämtern und freien Trägern, die einen Impact auf jugendrelevante Themen haben – also aller –, sowie deren Fachkräften.

Langfristige Perspektive
Integrierte kommunale Planung verfolgt langfristige Ziele und berücksichtigt die nachhaltige Entwicklung der Jugendlichen. Dies kann die Förderung von Bildung, Beschäftigungsmöglichkeiten, sozialer Integration und Gesundheit umfassen.

Insgesamt zielt die integrierte kommunale Planung im Kontext der Jugendarbeit darauf ab, eine umfassende Unterstützungsstruktur für Jugendliche aufzubauen, die deren individuellen Bedürfnisse und Potenziale berücksichtigt und so zu einer positiven Entwicklung beiträgt.

Leitziele als Grundlage der Planung

Das mit dem Projektbeirat zur Jugendförderplanung entwickelte Leitbild der Esslinger Jugendförderplanung orientiert sich am Kinder- und Jugendhilfegesetz des Landes Baden-Württemberg. Es betont das Recht jedes jungen Menschen auf Förderung seiner

Entwicklung und auf Erziehung zu einer selbstbestimmten, eigenverantwortlichen und gemeinschaftsfähigen Persönlichkeit. Die Jugendförderung strebt an, Kinder und Jugendliche gestalterisch einzubeziehen, ihre Persönlichkeitsentwicklung zu fördern und „Orte zur Selbstbildung" strukturell bereitzustellen.

Die Leitziele der Jugendförderplanung setzen den Schwerpunkt auf den öffentlichen Raum:

- Kindern und Jugendlichen Frei- und Gestaltungsraum geben: Die Jugendinfrastruktur in Esslingen soll Raum bieten, den junge Menschen selbstbestimmt gestalten können. Dies beinhaltet Spielplätze, Treffpunkte im öffentlichen Raum, Jugendeinrichtungen, Jugendverbände und mehr.

- Mit Kindern und Jugendlichen Verantwortung teilen: Durch demokratische Mitbestimmung sollen Kinder und Jugendliche aktive Teilnehmende am gesellschaftlichen Leben der Stadt sein. Die Stadt Esslingen schafft Rahmenbedingungen für Mitbestimmung und demokratische Teilhabe.

- Stadt und öffentlicher Raum als Orte sozialer Integration: Das Handeln von Kindern und Jugendlichen im Stadtraum soll ihre Interessen widerspiegeln. Die Stadt trägt Verantwortung dafür, integrativ zu wirken, insbesondere durch Jugendbeteiligung.

Jugendbeteiligung als Basis qualitativer Daten

Jugendbeteiligung hat somit eine zentrale Rolle für Esslingens Stadtverwaltung, um junge Menschen aktiv in Entscheidungen einzubeziehen und ihre Perspektiven zu berücksichtigen. Die Themen, die Jugendliche bewegen, sind vielfältig und reichen von Schule und Jugendarbeit bis hin zu Cookies und Domänen. Soziale und mediale Plattformen wie YouTube und TikTok sind längst in die Lebenswelt Jugendlicher eingebettet, daher sind Methoden digitaler Beteiligungsformate essenziell für eine gelungene Jugendbeteiligung.

Junge Menschen haben oft einen frischen Blick auf Themen, die für die Gesellschaft von Bedeutung sind. Durch ihre Erfahrungen in der Schule oder in der Jugendarbeit bringen sie neue Einsichten mit und können dazu beitragen, Lösungen zu finden, die für alle Beteiligten von Vorteil sind.

Um einen möglichst breiten Blick für die aktuellen Bedarfslagen zu bekommen, wurde für den Prozess der Jugendförderplanung in Esslingen ein Planungsbeirat ins Leben gerufen. Dieser Beirat setzte sich aus Vertretern und Akteuren aus Verwaltung, Jugendarbeit, Jugendverbänden, dem Stadtjugendring, dem Kreisjugendring und dem Jugendgemeinderat zusammen. Ein Fokus lag dabei auf dem öffentlichen Raum. Mithilfe innovativer Methoden wie der App #stadtsache und der damit durchgeführten Befragung unter dem Titel „Platz Da?!" wurden Jugendliche aktiv, über die Beteiligung des Jugendgemeinderates hinaus, in den Planungsprozess einbezogen. Dies ermöglichte nicht nur die Identifikation von Treffpunkten, sondern auch die Benennung von Angsträumen und Verbesserungsvorschlägen.

Mit #PlatzDa!? wurden Kinder und Jugendliche nach ihren Treffpunkten im Stadtgebiet befragt. Vorrangig ging es um den öffentlichen Raum und die Bedarfe der Kinder- und Jugendlichen. Diese Bedürfnisse sichtbar zu machen und die Expert/innen der Stadtteile, also die Kinder und Jugendlichen, einzubeziehen, ist der wichtigste Baustein der Esslinger kommunalen Jugendplanung. So konnten die Kinder und Jugendlichen selbst durch die Stadt ziehen, ihre Lieblingsplätze und Angsträume zeigen und per Video oder Foto mit Textanmerkung ihre Bedarfe und Wünsche direkt mitteilen.

Die Fragestellungen sowie die Ergebnisse, also die Aussagen der Esslinger Kinder und Jugendlichen, sind online unter https://stadtsache.de/esslingen/start öffentlich zugänglich.

Um eine große Breite an Beteiligung zu erreichen, wurde dieses Projekt von den Jugendeinrichtungen, der Schulsozialarbeit und den Trägern der Kinder- und Jugendhilfe im Stadtgebiet begleitet. Darüber hinaus hat sich der Jugendgemeinderat für das Projekt eingesetzt und dieses auch weitreichend beworben. Ein wichtiges Anliegen war es, mittels der Beteiligungsform vor allem auch die benachteiligten Kinder und Jugendlichen zu erreichen. Jene also, die keine große Lobby haben und sich vielleicht nicht überall lautstark äußern können und wollen, sollen besonders die Möglichkeit bekommen, gehört zu werden.

Neben der breiten Beteiligung der Jugendlichen wurden auch der AK Offene Jugendarbeit und der Kinder- und Jugendbeirat als Expertengremien in die Planung eingebunden. Die Kombination aus den qualitativen Daten des Beteiligungsprozesses und quantitativen Daten, unter anderem aus dem Sozialmonitor der Stadt Esslingen, bildete die Grundlage für fundierte Handlungsempfehlungen.

Methodik der Esslinger Jugendförderplanung 2023

Planungsräume

Die Esslinger Jugendförderplanung des Jahres 2023 orientiert sich an den Profilen der Bürgerausschussbezirke als räumlichen Planungsgrößen. Die Handlungsempfehlungen berücksichtigen den Sozialraumbezug und wurden auf Basis qualitativer und quantitativer Daten erstellt. Die Profile enthalten Informationen zur vorhandenen Jugendinfrastruktur, relevante Sozialdaten mit Fokus auf Armutsrisikofaktoren sowie Bedarfsaussagen der Zielgruppe und der Fachkräfte im Sozialraum (siehe Abb. 1 und 2). So wurden in Esslingen zwölf Planungsräume definiert, die auch hinsichtlich ihrer sozialräumlichen Besonderheiten untersucht und ausgewertet wurden.

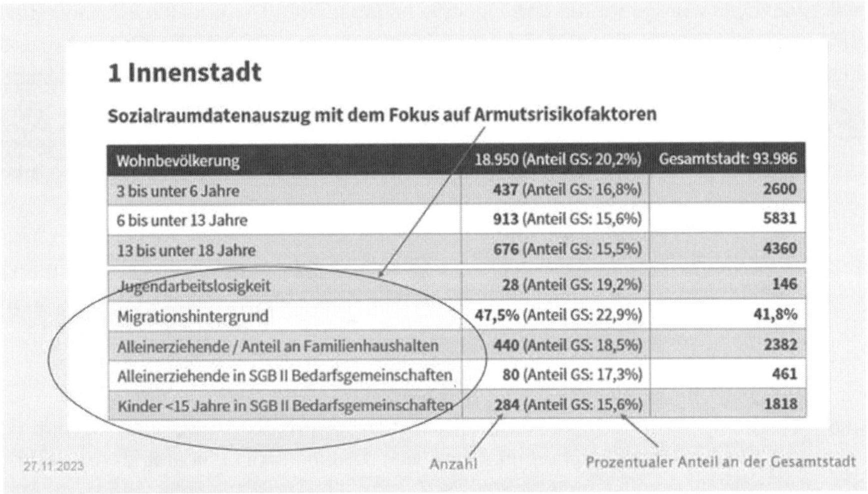

1 Innenstadt

Sozialraumdatenauszug mit dem Fokus auf Armutsrisikofaktoren

Wohnbevölkerung	18.950 (Anteil GS: 20,2%)	Gesamtstadt: 93.986
3 bis unter 6 Jahre	437 (Anteil GS: 16,8%)	2600
6 bis unter 13 Jahre	913 (Anteil GS: 15,6%)	5831
13 bis unter 18 Jahre	676 (Anteil GS: 15,5%)	4360
Jugendarbeitslosigkeit	28 (Anteil GS: 19,2%)	146
Migrationshintergrund	47,5% (Anteil GS: 22,9%)	41,8%
Alleinerziehende / Anteil an Familienhaushalten	440 (Anteil GS: 18,5%)	2382
Alleinerziehende in SGB II Bedarfsgemeinschaften	80 (Anteil GS: 17,3%)	461
Kinder <15 Jahre in SGB II Bedarfsgemeinschaften	284 (Anteil GS: 15,6%)	1818

27.11.2023 | Anzahl | Prozentualer Anteil an der Gesamtstadt

Abb. 1: Sozialraumdaten

Die Entwicklungsperspektiven basieren auf Fachurteilen des Beirats der Jugendförderplanung und der Fachexpert/innen aus den Bezirken. Sie zeigen mögliche Entwicklungen auf, die dynamisch veränderlich sind und von anderen infrastrukturellen Entwicklungen beeinflusst werden können. Daher ist eine laufende Überprüfung und Anpassung der Handlungsempfehlungen notwendig.

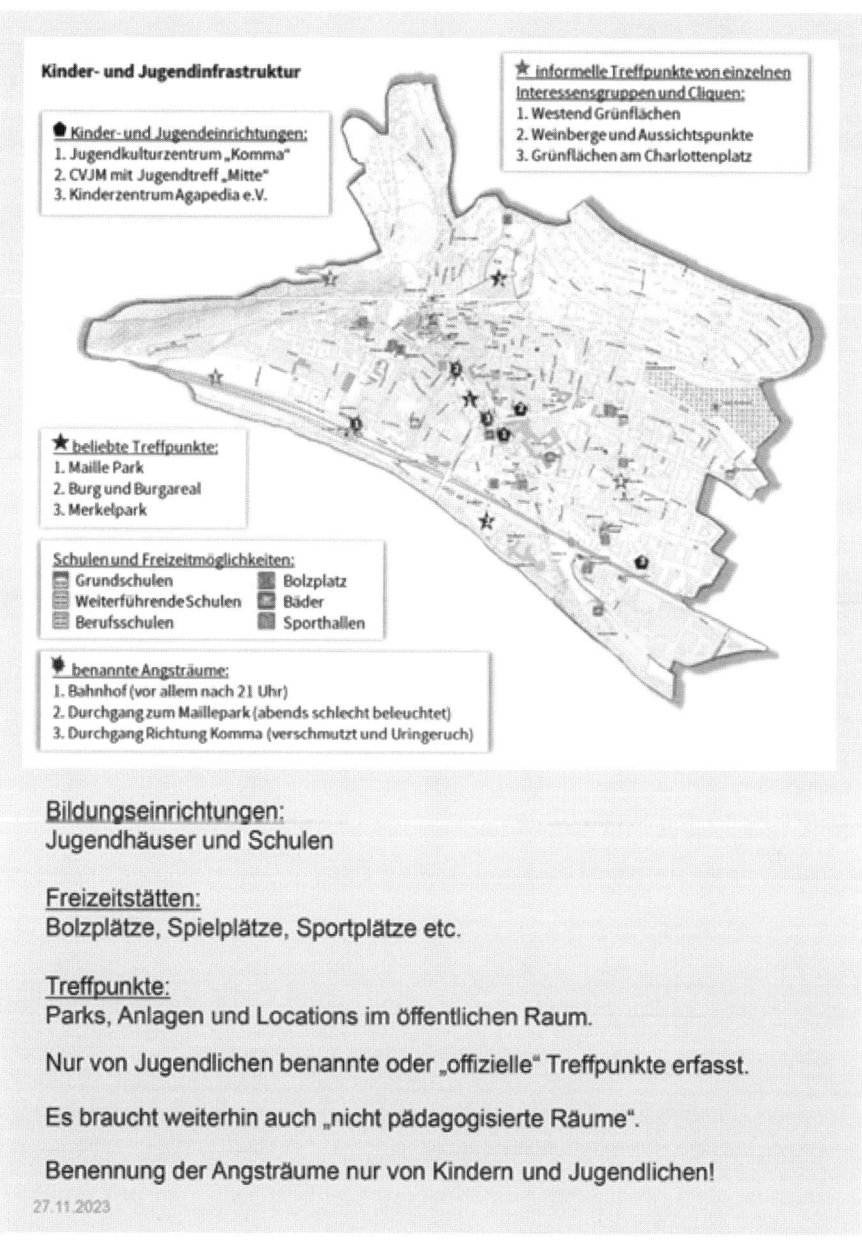

Abb. 2: Jugendinfrastruktur

Handlungsempfehlungen

Die Handlungsempfehlungen des Jugendförderplans 2023 basieren auf den im Leitbild benannten Leitzielen und wurden aufgrund der Profile der Bürgerausschussbezirke entwickelt. Sie umfassen Entwicklungsperspektiven und Maßnahmen, die der Zielerreichung dienen. Die Empfehlungen sind mit einer fachlichen Zuständigkeit und einer Umsetzungsempfehlung versehen, welche einen Zeithorizont für eine empfohlene Umsetzung festlegen (kurzfristig, mittelfristig, langfristig; vgl. Abb. 3).

Empfohlen Maßnahmen	Zeithorizont	Verantwortlich	mögliche Kooperationspartner
Gesamtstadt: Prüfung der Einrichtung von öffentlich zugänglichen Toiletten und Wasserspendern an allen Treffpunkten im Stadtgebiet	mittel- bis langfristig	Stadtplanungsamt mit Grünflächenamt	Jugendreferat und Jugendgemeinderat für begleitende Beteiligungsprozesse Jugendeinrichtungen als Multiplikatoren vor Ort Spielraumleitplanung für betroffene Spiel- und Sportflächen Stabsstelle Klimaschutz für die Einrichtung von Wasserspendern
Innenstadt: Prüfung des Merkelparks auf weitere Standorte für Sitzgelegenheiten und Mülleimer			
Mettingen/Brühl/Weil: Prüfung der Einrichtung von Wasserspendern an den Standorten Sportpark Weil, Mettinger Wiesen und Bolzplatz am Trio			
Zollberg: Prüfung von Möglichkeiten zur Beleuchtung an den Bolzplätzen, Sport- und Spielflächen, sowie Prüfung der Schaffung von mehr Sitzgelegenheiten im Waldgebiet			
Berkheim: Prüfung von Möglichkeiten zur Beleuchtung der Treffpunkte in den Abendstunden			
Mettingen/Brühl/Weil: Prüfung der Einrichtung öffentlicher sanitärer Anlagen oder „Netter" Toiletten in der Umgebung der Standorte Sportpark Weil und Mettinger Wiesen	mittelfristig	Tiefbauamt	Grünflächenamt, Jugendreferat, Villa Merkel, Sportpark Weil, Gastronomie
Zollberg: Prüfung von Möglichkeiten zur Einrichtung öffentlicher oder „Netter" Toiletten			
Innenstadt: Prüfung der Einrichtung zentraler zugänglicher öffentlicher oder „Netter" Toiletten in der Maille und im Merkelpark			

- Stadtintern abgestimmt

- Basis: Aussagen der beteiligten Kinder, Jugendlichen und Fachkräfte in Bezug zu den quantitativen Daten

- Dynamische Entwicklung: Ausschnitt aktueller Entwicklungen im Zeitraum der Erstellung des Planes

Abb. 3: Handlungsempfehlungen

In der aktuellen Jugendförderplanung ergaben sich Handlungsempfehlungen in den Bereichen städtebauliche Planung, Infrastruktur für junge Menschen, Entwicklung des öffentlichen Raumes, Mobilität, Abbau von Angsträumen, Unterstützung junger Menschen in akuten Armutslagen sowie räumlicher und personeller Ausbau der Kinder- und Jugendarbeit. Die Handlungsempfehlungen wurden in der Folge mit dem Beirat der Jugendförderplanung, im Kinder- und Jugendbeirat, im Jugendgemeinderat und mit den Fachämtern der Verwaltung abgestimmt und auf ihre Plausibilität hin überprüft.

Jugendförderplan als dynamisches Instrument

Der Jugendförderplan für Esslingen ist ein dynamisches Instrument, das durch fortlaufende Prozesse und die Bearbeitung von Handlungsempfehlungen eine nichtstatische Struktur aufweist. Die Jugendförderplanung wird kontinuierlich reflektiert, ausgewertet und im Rahmen der systematisierten Jugendförderplanung dokumentiert und fortgeschrieben. Die aktuelle Planung wurde mit einer Laufzeit versehen, um einen Zeitraum für die Folgeplanung bereits im Vorfeld zu definieren.

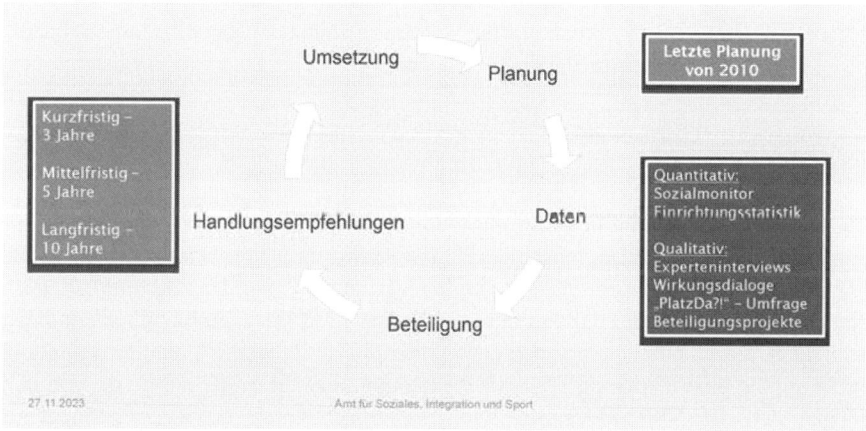

Abb. 3: Der Planungsprozess

Zeitstruktur der Planung

Der Planungsprozess für den Jugendförderplan 2023 verlief nach folgender Struktur:

September 2022:	Einberufung Projektbeirat
Oktober 2022:	Entwicklung Leitbild und Leitlinien
	Entwicklung der Beteiligungsformate
	Definition der Planungsräume
bis Dezember 2022:	Durchführung des Projektes „PlatzDa!?"
ab Januar 2023:	Sichtung und Bewertung quantitativer Daten
ab Februar 2023:	Auswertung der Projektergebnisse
	Expertenbefragung in den Planungsräumen
ab April 2023:	Entwicklung von Handlungsempfehlungen
ab Mai 2023:	Einbringen erster Ergebnisse in lokale Fachgremien
ab Juni 2023:	Abstimmung von Handlungsempfehlung und Maßnahmen mit den Fachämtern der Verwaltung
Juli 2023:	Schlusssitzung des Projektbeirates, Beginn Layout
September 2023:	Beschluss der Planung im Kinder- und Jugendbeirat (beratendes Gremium des Gemeinderates)
November 2023:	Beschluss der Jugendförderplanung im Jugend- und Sozialausschuss der Stadt Esslingen

Fazit

Die Jugendförderplanung in Esslingen ist für die Kommune ein wichtiger Impuls zur Ausgestaltung einer kinder-, jugend- und familienfreundlichen Stadtgesellschaft. Die aktive Einbindung der Jugendlichen, die Berücksichtigung von Leitbild und Leitzielen sowie die kontinuierliche Überprüfung und Anpassung der Handlungsempfehlungen sind Kennzeichen eines nachhaltigen und partizipativen Ansatzes. Esslingen setzt somit nicht nur auf eine Förderung der Jugend, sondern auch auf eine Zukunft, die von den jungen Menschen selbst mitgestaltet wird. Die Ermächtigung von Kindern und Jugendlichen durch Beteiligung ist einer der wichtigsten Lösungsansätze, die Jugendhilfe zu bieten hat.

Die wichtigsten Erkenntnisse aus der Jugendförderplanung 2023 lauten:

- Förderung der Beteiligung junger Menschen: strukturierte Jugendbeteiligung in städtebaulichen Planungsprozessen und jugendrelevanten Einzelplanungen;

- Mobilität: Prüfung Einführung Tagesticket für 6–18-Jährige, Ausbau jugendgerechter ÖPNV, Abstellmöglichkeiten Fahrräder;

- Abbau von Angsträumen durch Beleuchtungs- und Sicherungskonzepte;

- Infrastruktur: Erhalt und Ausbau von Frei- und Spielflächen, Ausbau öffentlicher Toiletten und Wasserspender;

- Offene Kinder- und Jugendarbeit: präventives Aufgreifen von Gewaltproblematiken, Prüfung personeller Aufstockung und räumlichen Ausbaus einzelner Einrichtungen, Stärkung aufsuchender Jugendarbeit, Gewinnung und Förderung bürgerschaftlichen Engagements;

- Akute Armutslagen: Prüfung finanzieller Unterstützungen für Essensangebote in Schulen und Jugendeinrichtungen.

Für die Kommune ergeben sich zudem vielfältige Kenntnisse und Informationen, die der Ausgestaltung und Wirkungsüberprüfung der eigenen Angebote und Maßnahmen dienen. So lassen sich auch aktuelle Entwicklungen aufgreifen und immer wieder an der Lebensrealität junger Menschen orientieren. Das ist ein Gewinn für jede Stadtgesellschaft.

Literatur

Deutscher Verein für öffentliche und private Fürsorge e.V. (2020): Eckpunkte für eine integrierte Sozialplanung in den Kommunen, https://www.deutscher-verein.de/de/uploads/empfehlungen-stellungnahmen/2020/dv-18-19_eckpunkte-sozialplanung.pdf (4. Dezember 2023).

DKJS – Deutsche Kinder- und Jugendstiftung GmbH (Hrsg.) (2020): Integrierte Planung kommunaler Bildungslandschaften, Berlin.

Willibald Neumeyer

„Klimaangst" bei Jugendlichen – Klimaschutz in der stationären Jugendhilfe

Ausgehend von der weit verbreiteten „Klimaangst" junger Menschen beschreibt der vorliegende Artikel anhand eines konkreten Beispiels, wie sich eine Einrichtung der stationären Jugendhilfe dem Thema Klimaschutz stellt.

Junge Menschen berichten häufig von „Klimaangst", wie zahlreiche Studien ergeben haben (z.B. SINUS-Jugendforschung 2022; Frick et al. 2022). Klimaangst korreliert dabei oft mit Gefühlen wie Ohnmacht, Hilflosigkeit, Trauer, aber auch mit Wut und Verzweiflung, und mache antriebs- und mutlos, so die Aussagen. Andere Studien zeigen auf, dass die mit Klimawandel, Corona und Krieg/Inflation verbundene Krisenerfahrung ein wesentlicher Faktor für den deutlichen Anstieg von psychischen Belastungen bei jungen Menschen ist (Schnetzer et al. 2023). Unter Forschenden und Psycholog/innen besteht jedoch ein Konsens, dass „Klimaangst" keine psychische Erkrankung, keine pathologische „Störung" ist, sondern eine natürliche Reaktion auf eine reale Bedrohung durch die Klimakrise (Frick et al. 2023, 11).

Inwieweit „Klimaangst" bei den Kindern und Jugendlichen, die über die stationäre Jugendhilfe versorgt werden, vorliegt, ist bis dato nicht erforscht. Trotz alledem ist die Klimaerwärmung mit ihren Auswirkungen im Alltag der stationären Jugendhilfe sichtbar und fühlbar: Sommer mit Hitze und Dürre, Winter ohne Schnee und Schlittenfahren, starke Unwetter mit Überschwemmungen wie in Nürnberg im August 2023, Bilder über Social Media von z.B. brennenden Koalas und nach Lebensraum suchenden Eisbären, welche die Kinder berühren und beschäftigen.

Die über die stationäre Jugendhilfe betreuten jungen Menschen sind aufgrund ihrer Lebensgeschichte zum Teil hoch belastet und traumatisiert. Sie sind mit ihrem eigenen „Überleben" und mit der Bewältigung ihres Alltags beschäftigt. Dennoch befassen sich auch diese Jugendlichen mal mehr, mal weniger mit der Klimakrise, ist auch bei diesen Jugendlichen mal mehr, mal weniger „Klimaangst" verbreitet, wenngleich überlagert von komplexen psychosozialen Problemen und damit verbundenen Ängsten. Vielleicht sind sie aber aufgrund ihrer Vulnerabilität sogar besonders empfänglich für diese Sorgen und Bedrohungen.

Klimaschutz ist Kinderschutz

Unabhängig von der tatsächlichen Verbreitung von „Klimaangst" in der Zielgruppe der stationären Jugendhilfe ist die Kinder- und Jugendhilfe – neben vielen anderen guten Gründen (Caritas-Klimablog 2023) – von ihren Grundsätzen und Leitnormen her gefordert, sich den Herausforderungen der Klimakrise zu stellen.

Die sich verschärfenden Auswirkungen der Erderhitzung betreffen besonders Kinder und Jugendliche. Die in der Kinder- und Jugendhilfe handelnden Akteure, die Erwachsenen, die Mitarbeitenden und Führungskräfte, müssen auf der Seite der jungen Menschen stehen. Denn Klimaschutz ist Kinderschutz.

In der Kinder- und Jugendhilfe geht es immer um die Zukunft Heranwachsender. Wir können nicht über die Zukunft von Kindern und Jugendlichen reden und gleichzeitig die Klimakatastrophe ausblenden, die deren künftige Lebensgrundlagen massiv beeinflussen wird.

Willibald Neumeyer, Dipl.-Pädagoge, Leitung Jugendhilfezentrum Schnaittach, Caritasverband Nürnberg e.V. E-Mail: willibald.neumeyer@caritas-nuernberg.de

Das Wesensmerkmal der Kinder- und Jugendhilfe ist ihre Parteilichkeit für das Kindeswohl, ihr Fokus ist auf Kinderrechte und Kinderschutz gerichtet. Wir können nicht in unserer Rolle als Anwalt für junge Menschen die Interessen und Rechte von Kindern und Jugendlichen vertreten, ohne ökologische Kinderrechte (AGJ 2023) und Nachhaltigkeit einzufordern.

> Wir können nicht von Kinderschutz reden, ohne die Folgen der Erderhitzung in den Blick zu nehmen, wenn man die Klimakrise bereits als „Kindeswohlgefährdung" diskutiert und betrachtet (Fegert et al. 2020; Schramkowski 2022).

Und schlussendlich sind wir gem. § 1 Achtes Buch Sozialgesetzbuch (SGB VIII) sogar gesetzlich dazu verpflichtet, „dazu beizutragen, positive Lebensbedingungen für junge Menschen und ihre Familien sowie eine kinder- und familienfreundliche Umwelt zu erhalten oder zu schaffen".

Klimaschutz ist Kinderschutz: Nichts anderes besagt auch das Urteil des Bundesverfassungsgerichts vom 29. April 2021, in dem Generationengerechtigkeit auf höchster juristischer Ebene als ein zentrales Motiv für effektiven Klimaschutz anerkannt wurde.

Praxisbeispiel: Pädagogische Begleitung der Kinder und Jugendlichen

Das Caritas-Jugendhilfezentrum Schnaittach betreibt im Landkreis Nürnberger Land mit über 190 Beschäftigten in 13 eigenen Gebäuden sowie 18 angemieteten Wohnungen und Büros viele verschiedene Hilfeformen (wie Heilpädagogische Wohn- und Tagesgruppen, ambulante erzieherische Hilfen und eine Förderschule mit emotionalem und sozialem Förderschwerpunkt).

In den letzten Jahren haben wir mit den Jugendlichen aus unseren Wohngruppen im Kontext ökologischer Nachhaltigkeit und Klimaschutz u.a. folgende Aktionen angeboten und durchgeführt: Teilnahme am globalen Klimastreik von Fridays for Future; diverse Müllsammelaktionen (World Cleanup Day, FillTheBottle Challenge); Kleidertauschbörse; Basteln von Nistkästen; eigene Herstellung von Kosmetik- und Reinigungsartikeln; Selbstanbau von Salat und Gemüse in Hochbeeten; Versaftung von selbst gepflückten Äpfeln von unseren Apfelbäumen. Mit diesen Aktionen soll vor allem das Erleben von Selbstwirksamkeit unterstützt werden.

Eine wichtige Funktion hat weiterhin das Vorbild der Mitarbeitenden in den Gruppen, beispielsweise im Umgang mit Energiesparen. Wesentlich ist außerdem das Gespräch und der Austausch zwischen den Fachkräften und den jungen Menschen in den Gruppen und in der Therapie, wenn es um das Thema der emotionalen Bewältigung der Klimakrise geht.

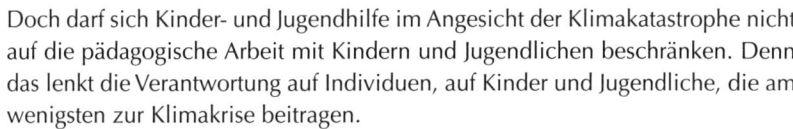

Doch darf sich Kinder- und Jugendhilfe im Angesicht der Klimakatastrophe nicht auf die pädagogische Arbeit mit Kindern und Jugendlichen beschränken. Denn das lenkt die Verantwortung auf Individuen, auf Kinder und Jugendliche, die am wenigsten zur Klimakrise beitragen.

Klimaneutralität der Einrichtung

Die Einrichtung beschäftigt sich schon seit vielen Jahren mit Klimaschutz und ökologischer Nachhaltigkeit (ausführlich in Neumeyer 2023). 2004 wurde die erste Photovoltaik-Anlage installiert, 2019 kam die zweite Photovoltaik-Anlage hinzu und 2024 wird eine weitere im Zuge eines Neubauvorhabens angebracht. Ergänzt wurde dies mit der Anschaffung von drei Balkon-PV-Anlagen für die Außenwohngruppen. Parallel wurden Energiesparmaßnahmen durchgeführt, wie die komplette Umrüstung der Beleuchtung auf LED und die Nutzung von Wäscheständern statt ausschließlich Trocknern.

Mit einer Ausnahme sind inzwischen alle eigenen Gebäude nach dem jeweiligen Standard wärmegedämmt. Zwei Ölheizungen und eine Gasheizung wurden in den letzten Jahren durch Pelletheizungen ersetzt, drei Solarthermie-Anlagen mit großem Pufferspeicher für Warmwasser und zur Heizungsunterstützung sind installiert. Ergänzt wurde dies durch weitere Energiesparmaßnahmen wie beispielsweise Wassersparköpfe an den Duschen und programmierbare Thermostate an den Heizkörpern.

2024 wird ein Neubau für zwei Wohngruppen fertiggestellt. Das Gebäude wird errichtet im Niedrigenergiestandard mit Wärmepumpe, Photovoltaik, Solarspeicher, Ladestation für E-Autos und Gründach. Für die dann noch bestehenden drei fossilen Heizungen ist ein Anschluss an das Fernwärmenetz angedacht, das die Marktgemeinde Schnaittach derzeit plant, betrieben mit regionalen Hackschnitzeln.

Als Einrichtung im ländlichen Raum mit einem großen ambulanten Bereich mussten wir uns auch dem Problem der Mobilität stellen. Inzwischen haben wir elf Elektro-Autos, die über Ladestationen überwiegend mit eigenem Strom aus unseren Photovoltaik-Anlagen betankt werden. Ergänzt wird dies durch diverse Möglichkeiten zur Nutzung des ÖPNV. Weiterhin stehen dienstliche E-Bikes zur Verfügung.

Neben Klimaschutz sind uns aber auch Klimaanpassung und Naturschutz wichtig. Wir haben Bäume und Sträucher gepflanzt zur natürlichen Beschattung und unseren Pausenhof teilentsiegelt. Freiflächen werden nur einmal im Jahr gemäht und eine insektenfreundliche Blumenwiese wurde angelegt. Wir sammeln Regenwasser von unseren großen Dachflächen zur Bewässerung unserer Gartenanlagen und zum Abführen in eine Sickergrube. Wir achten auf eine möglichst nachhaltige Beschaffung, besonders im Bereich Lebensmittel.

Seit 2018 werden die CO_2-Emissionen für die Bereiche Strom, Heizenergie und Mobilität erfasst und konnten bis heute um über 40% reduziert werden. Ziel ist die energetische Klimaneutralität bis 2030, die nach heutigem Stand erreicht werden kann.

Fazit

Mag dieser Beitrag bei den Einsparungen von CO_2-Emissionen in der globalen Krise noch so klein sein, er ist vor allem auch ein Signal an die jungen Menschen: Wir nehmen das Thema sehr ernst, wir stehen konsequent an eurer Seite und tun das uns Mögliche. Oder mit anderen Worten: „Wenn wir das Klima schützen, bewahren wir die junge Generation vor diesen Folgen und tragen damit auch zu ihrer psychischen Gesundheit bei" (Asbrand 2023). Insofern haben infrastrukturelle Klimaschutzmaßnahmen auch einen indirekten pädagogischen Wert.

Literatur:

AGJ – Arbeitsgemeinschaft für Kinder- und Jugendhilfe (2023): How dare you? Ökologische Kinderrechte umsetzen – Forderungen an die Kinder- und Jugendhilfe, in: Forum Jugendhilfe 2, S. 29–33.

Asbrand, Julia (2023): Klimaschutz ist Kinderschutz, https://www.uni-jena.de/230406-psychologieprofessorin (9. August 2023).

Caritas-Klimablog (2023): Mehr Klimaschutz in der stationären Jugendhilfe, https://klima.caritas.de/mehr-klimaschutz-in-der-kinder-und-jugendhilfe/ (9. August 2023).

Fegert, Jörg M./Clemens, Vera/von Hirschhausen, Eckart (2020): Kinderrechte als Leitschnur für nachhaltige Politik, in: Zeitschrift für Kindschaftsrecht und Jugendhilfe 11, S. 404–408.

Frick, Vivian/ Gossen, Maike (2022): Junge Menschen in der Klimakrise. Eine Untersuchung zu emotionaler Belastung, Bewältigungsstrategien und Unterstützungsangeboten im Kontext von Klimawandel und Umweltproblemen in der Studie „Zukunft? Jugend fragen! 2021". UBA-Texte 127, Dessau-Roßlau.

Frick, Vivian/Hausmann, Christoph Martin/Jovanovic, Darinka/Peter, Felix (2023): Junge Menschen in der Klimakrise: psychische Belastung und Bewältigungsstrategien, in: Forum Jugendhilfe 2, S. 11–18.

Neumeyer, Willibald (2023): Eine Jugendhilfeeinrichtung schreitet voran auf dem Weg zur Klimaneutralität, in: neue caritas 13, S. 21–23.

Schnetzer, Simon/Hampel, Kilian/Hurrelmann, Klaus (2023): Trendstudie Jugend in Deutschland. Aktuelle Krisen belasten Jüngere stärker als Ältere – ein Generationenkonflikt bleibt aus, https://simon-schnetzer.com/jugend-in-deutschland-2023-mit-generationenvergleich/ (13. November 2023).

Schramkowski, Barbara (2022): Ökologische Gewalt als Kindeswohlgefährdung, in: Pfaff, Tino/Schramkowski, Barbara/Lutz Ronald (Hrsg): Klimakrise, sozialökologischer Kollaps und Klimagerechtigkeit. Spannungsfelder für soziale Arbeit, Weinheim, S. 120–132.

SINUS-Jugendforschung (2022): Ergebnisse einer Repräsentativ-Umfrage unter Jugendlichen 2022/2023. Eine SINUS-Studie im Auftrag der BARMER, Heidelberg.

Wo bleibt die Qualität in den aufsuchenden Erziehungshilfen?

Eine Streitschrift von Marie-Luise Conen

2023, 64 Seiten, kart.; 9,– €, für Mitglieder des Deutschen Vereins 7,50 €
ISBN 978-3-7841-3677-6

Die SGB VIII-Reform von 2021 erfordert eine verstärkte Qualitätssicherung bei den Leistungen der Kinder- und Jugendhilfe. Demgegenüber diagnostiziert Marie-Luise Conen Qualitätsdefizite in den ambulanten Erziehungshilfen. Sie zeichnet die Entwicklung der aufsuchenden sozialpädagogischen Familienhilfen und der Aufsuchenden Familientherapie nach und benennt Ursachen für deren Qualitätsverlust. Die Streitschrift macht deutlich, wie wichtig – gerade vor dem Hintergrund der angespannten Lage in den Jugendämtern – die Einhaltung professioneller Standards für eine gelingende Arbeit mit hochbelasteten und armen Familien ist.

Versandkostenfrei bestellen im Online-Buchshop:
www.verlag.deutscher-verein.de

Deutscher Verein für öffentliche und private Fürsorge e.V.

Die Fachzeitschrift „**Archiv für Wissenschaft und Praxis der Sozialen Arbeit**" erscheint vierteljährlich als in sich geschlossene Themenhefte. Folgende Ausgaben können Sie noch bestellen:

- ❑ 4/2023: Soziale Arbeit in Krisenzeiten
- ❑ 3/2023: Auf dem Weg zur inklusiven Kinder- und Jugendhilfe
- ❑ 2/2023: Hilfe für Unionsbürger/innen trotz Leistungsausschlüssen?
- ❑ 1/2023: Soziale Arbeit über Grenzen hinweg – Hilfe für Kinder und Familien
- ❑ 4/2022: Der Soziale Arbeitsmarkt – wie wirkt das Teilhabechancengesetz?
- ❑ 3/2022: Mehr Selbstbestimmung durch die Reform des Betreuungsrechts?
- ❑ 2/2022: Fachkräftesicherung in Pflege und Sozialer Arbeit
- ❑ 1/2022: Vergaberecht in der Praxis Sozialer Arbeit
- ❑ 4/2021: Digitalisierung in der Sozialverwaltung
- ❑ 3/2021: Soziale Arbeit im Gesundheitswesen: Aufgaben und Potenziale
- ❑ 2/2021: Bildungsgerechtigkeit: Teilhabe in allen Lebenslagen?
- ❑ 1/2021: Digitalisierung in der Pflege: mehr als Robben und Roboter
- ❑ 4/2020: 50 Jahre Soziale Arbeit in Wissenschaft und Praxis
- ❑ 3/2020: Integration geflüchteter Menschen in Arbeit und Bildung
- ❑ 2/2020: Soziale Arbeit und Rechtsextremismus
- ❑ 1/2020: Vielfalt von Elternschaft und Familie: Reformbedarf für Recht und Soziale Arbeit
- ❑ 4/2019: Gesellschaftliche Teilhabe in ländlichen Räumen
- ❑ 3/2019: Kinderarmut bekämpfen – Armutskarrieren verhindern *(vergriffen)*
- ❑ 2/2019: Soziale Arbeit in der digitalen Transformation
- ❑ 1/2019: Das Bundesteilhabegesetz zwischen Anspruch und Umsetzung *(vergriffen)*
- ❑ 4/2018: Existenzminimum oder Teilhabe? Weiterentwicklung des Sozialhilfesystems
- ❑ 3/2018: Wirkungsorientierung in der Sozialen Arbeit
- ❑ 2/2018: Vielfalt und Zusammenhalt: Herausforderungen für die Soziale Arbeit
- ❑ 1/2018: Kinder- und Jugendhilfe: Impulse für den weiteren Reformprozess
- ❑ 4/2017: Menschen mit psychischen Erkrankungen: Ausschluss oder Teilhabe?
- ❑ 3/2017: Umsetzung der Pflegereform vor Ort
- ❑ 2/2017: Strategien gegen Altersarmut
- ❑ 1/2017: Kommunale Sozialplanung vor neuen Aufgaben
- ❑ 4/2016: Langzeitarbeitslosigkeit: Auswege aus der Sackgasse
- ❑ 3/2016: Qualität in der Kindertagesbetreuung: ein Zwischenzeugnis
- ❑ 2/2016: Vereinbarkeit von Beruf, Familie und Pflege – eine Frage der Zeit?
- ❑ 1/2016: Neue Ansätze in der Suchthilfe
- ❑ 4/2015: Grenzen überwinden: Perspektiven für die Integration Geflüchteter
- ❑ 3/2015: Wie gelingt der Übergang Schule – Beruf?
- ❑ 2/2015: Mediatisierung der Kinder- und Jugendhilfe
- ❑ 1/2015: Was brauchen Menschen mit Demenz?
- ❑ 4/2014: Beratung im Jobcenter
- ❑ 3/2014: Neuordnung der Leistungen für Menschen mit Behinderung
- ❑ 2/2014: Partizipation in der sozialen Arbeit: Alibi oder Empowerment?
- ❑ 1/2014: Profil und Position der Schulsozialarbeit

Vorankündigung

Liebe Leserinnen und Leser,

die nächste Ausgabe des „Archivs für Wissenschaft und Praxis der Sozialen Arbeit" erscheint im Mai 2024. Sie hat zum Thema:

Hilfen in Wohnungsnotfällen

In der Obdach- und Wohnungslosenhilfe werden neue Ansätze erprobt und bestehende Angebotsstrukturen weiterentwickelt. Zugleich ist sie mit einer steigenden Zahl wohnungsloser junger Menschen und (geflüchteter) Familien sowie der prekären Lage am Wohnungsmarkt konfrontiert. In diesem Themenheft werden die Herausforderungen für die bestehenden Hilfesysteme diskutiert und anhand von Praxisbeispielen zielführende Lösungsansätze vorgestellt.

Die Einzelhefte kosten 18,20 €, für Mitglieder des Deutschen Vereins 14,50 €. Mit einem Jahresabo erhalten Sie vier Ausgaben zum Preis von 45,– € bzw. 36,– € als Mitglied – inklusive eines kostenloses Zugangs zur digitalen Version. Für Bibliotheken und andere Institutionen bieten wir ein kostengünstiges digitales Abonnement über Preselect.media GmbH.

Wenden Sie sich an unseren Mitglieder- und Abonnentenservice:
Tel. 030 62980-502, E-Mail: abo@deutscher-verein.de